KB253452

안드로이드 어플 기획
7일 만에 끝내기

Seven Days Master Series

안드로이드 어플 기획

7일 만에 끝내기

• 유도욱 지음 •

살림

구글 안드로이드의 로고.
안드로이드는 '인간을 닮은 로봇'이라는 뜻이다.

최근 스마트폰에 관한 두 모임에 연달아 참석한 적이 있다. 첫 번째 모임에서 한 사람이 질문을 던졌다.

"앞으로 아이폰이 이길 것 같습니까, 안드로이드가 이길 것 같습니까?"

나는 조금도 망설이지 않고 "안드로이드."라고 답했다. 허나 질문한 사람의 주장은 달랐다.

현재 스마트폰을 쓰는 사람 가운데 상당수가 아이폰 이용자이고, 사람들은 이미 익숙해진 OS(운영 체제)를 절대 바꾸지 않을 거라는 것. 그리고 사람의 습성이 한번 길들게 된 디자인은 쉽게 바꾸지 못한다는 것이었다. 국내 검색 엔진에 익숙해진 우리가 구글이 아무리 전 세계 1위의 검색 엔진이라 해도 그다지 많이 사용하지 않는 것처럼.

두 번째 모임에서도 같은 질문이 나왔다. 나는 이번에도 역시 "안드로이드."라고 답했다. 그러자 질문한 사람이 박장을 하며 의기양양하게 말했다.

"그렇죠! 너무 뻔히 보이는데 아이폰 마니아들은 절대 그럴 리가 없다고 하네요."

두 모임에서 사람들의 의견이 왜 이렇게 나누어진 걸까? 그리고 이미 대세로 자리 잡은 듯 보이는 아이폰을 두고 나는 왜 '안드로이드' 쪽에 손을 들어 주고 있을까?

지난 10여 년간 모바일 업계에 종사해 온 사람으로서 갖는 일종의 '필(feel)'이라고 해 두면 어떨까 한다. 이런 모호한 말은 반박당할 여지도 크지만 논리적으로 설명하겠다고 나서기엔 아직 아이폰이 너무 기세 등등하니 말이다.

그렇다고 아이폰을 만들어 낸 스티븐 잡스가 대단하다는 것을 부정하지는 않는다. 아니, 독불장군의 승리였기에 더욱더 찬사와 박수를 보내고 싶다.

하지만 세상은 어느 순간부터 개방이 폐쇄를 이기는 방향으로 흘러 왔다. 애플이 먼저 맥(Mac)이라는 훌륭한 OS를 내놓았지만 많은 개발자들에게 폐쇄적이었기에 결국 윈도에게 지고 말았다.

이 책을 통해 진정한 승자의 마인드는 '개방'임을 강조하기 위해서라도 나는 '안드로이드 승리 예측론자'의 선봉에 설까 한다. 누가 이기고 지는 것은 기업 논리에 그칠 뿐이고, 필자는 그 이면의 '개방과 자율은 반드시 이긴다'는 IT 업계의 불문율을 다시 한 번 확인하고 싶을 뿐이다.

안드로이드는 '인간을 닮은 로봇'이라는 뜻이다. 19세기 프랑스의 소설 『미래의 이브』에서 처음 등장한 여성 로봇을 안드로이드라고 불렀고, 구글 안드로이드의 로고도 그

뜻을 담고 있다.

　현대에는 스마트폰이 인간의 친구이고, 심심할 때 옆에 있어 주고, 궁금한 것에 대한 답을 주고, 내가 가고자 하는 위치를 알려 주면서 늘 곁에 있는 존재다. 안드로이드의 뜻처럼 인간을 닮은 기계가 되어 가고 있는 것이다.

　필자 개인적으로는 '인간을 닮은 로봇'보다 '인간의 말을 잘 듣는 로봇'을 더 선호한다. 늘 자신이 일하는 기계라고 푸념하는 아내에게 오늘만큼은 미운(?) 로봇일지라도 옆에 있어 주고 싶다. 그리고 동혁, 수민, 승주 세 자녀에게 좋은 아빠 로봇이 되고 싶다.

유도욱

contents

Seven Days Master Series

step 1

구글은 왜
안드로이드를
만들었나

구글은 애플의 배신자?

스티브 잡스 vs 에릭 슈미츠

애플의 사령탑 스티브 잡스가 구글의 안드로이드에 대해서 한마디로 정의했다. '배신자'. 왜 애플은 구글에 배신자라는 표현을 쓴 것일까? 그 이유를 들여다보자.

2007년 애플이 아이폰을 개발했을 때만 해도 애플과 구글의 동맹 관계는 굳건했다. 애플은 새로 개발할 아이폰의 주요 기능을 구글에 미리 알려 주었다.

구글은 아이폰의 기능에 놀라움을 금치 못했다. 애플은 아이폰의 기본 검색 엔진으로 '구글'을 채택했고, 구글은 구글 검색 엔진과 구글 지도를 애플에 제공하며 파트너를 만족시켰다. 애플과 구글 직원들도 사이가 좋아 회사 간의 협조가 원만히 이루어졌다.

아이폰의 놀라운 기능을 처음 접한 구글의 CEO 에릭 슈미츠의 관심은 그저 '멋진걸!' 하고 감탄하는 정도였을 것이다.

전체 스마트폰의 1% 점유율이 최대 목표였던 애플 역시 '아이폰'이라는 키워드가 세상을 뒤바꿔 놓으리라는 것은 꿈도 꾸지 못했을 것이다. 그 작은 꿈이 1%를 넘어 시장 점유율 17%를 차지하자 분위기는 돌변했다.

영원한 적군도 아군도 없다

아이폰은 성공의 경제학을 넘어 '신화'로까지 확산되며, 전 세계 개발자의 '꿈(Dream)'으로 부상했다.

구글은 미래의 핵심 시장인 모바일 분야를 가만히 앉아서 애플에게 빼앗길 수 없었다. 즉시 아이폰에 대항할 수 있는 '모바일 OS(운영 체제)' 개발에 전사적으로 나섰고, 마침내 '안드로이드'가 탄생했다.

그러자 애플의 CEO 스티브 잡스가 구글이 모바일 OS인 안드로이드를 개발해 스마트폰 사업에 뛰어든 것 자체가 '배신'이라며 구글을 몰아세웠다.

그는 한 회의석상에서 "애플은 검색 시장에 뛰어들 수

있었음에도 불구하고 도의적으로 그 시장에 발을 들이지 않았다. 우리가 못 해서 안 했을 것 같으냐? 반면 구글은 뻔뻔하게 스마트폰 시장에 진입했다."며 구글을 비난하는 목소리를 높였다.

애플 측은 구글의 안드로이드 기능들은 자신들이 고안한 아이디어이며, 멀티터치(한 번에 두 손가락 이상의 터치 포인트를 인식) 기능을 채용할 경우 소송을 불사하겠다고 엄포를 놓았다.

구글은 일단 이를 받아들이고 물러서는 듯했다. 그런데 구글에서 개발한 최초의 안드로이드폰 '넥서스원'에 멀티터치 기능을 탑재해 출시했고, 애플은 구글의 안드로이드폰 제조사인 타이완의 'HTC'를 상대로 소송을 걸었다.

그렇다고 가만히 있을 구글이 아니다. 구글은 애플이 인수하고 싶어 안달하던 모바일 광고업체 '애드몹(AdMob)'을 애플이 제시한 것보다 25%나 비싼 7억 5,000만 달러에 인수했다. 애플의 뒤통수를 한 방 날린 것이다.

이에 애플은 앱스토어에서 구글이 주력하는 인터넷 전화 '구글 보이스' 어플리케이션을 '퇴출'시키며 맞섰다. 또한 어플리케이션에 그 어떤 모바일 광고도 허용치 않겠다며 애드몹 또는 그와 유사한 서비스의 접근을 원천 봉쇄

했다. 그리고 기본 검색 엔진을 구글에서 마이크로소프트 사의 '빙(Bing)'으로 바꾸었다.

일부 증권사 애널리스트들이 양사의 격돌을 '제3차 세계대전'이라고 표현할 정도로 구글과 애플은 미래의 패권을 잡기 위해 모바일 OS 시장에 사활을 걸고 있다.

구글의 CEO가 "이 바닥에서 영원한 아군, 적군이 있나?"라고 말했듯이 앞으로 한 치의 양보도 없는 전쟁이 벌어질 것으로 보인다.

공룡 기업들이 모바일 시장에
사활을 거는 이유

I = 1, 아이폰 안에 1등 있다?

모바일 OS 시장의 규모가 얼마나 되기에 공룡 기업들이 이토록 사활을 걸고 덤벼드는 것일까?

2010년 1월 6일 미국 라스베이거스에서 세계 최대 가전기기 전시회인 2010 CES가 개막되었다. 여기에서 삼성 이건희 회장도 '아이폰'을 거론하고 "삼성, 까딱 잘못하면 10년 후 구멍가게 된다."며 경영 복귀를 암시했다.

2009년 1월에 삼성 구미 공장 부사장이 교통사고로 사망했고, 2010년 1월에는 삼성전자 부사장이 생일 바로 다음날 자살했다. 이를 두고 '아이폰에 위기를 느낀 중압감 때문'이라는 분석이 나돌기도 했다.

과연 아이폰의 시장 점유율 1등은 계속될 것인까? '넘버 원(No.1)'의 위력이 그토록 가공할 만한 것인가?

국내 굴지의 기업이자 세계 초일류 기업 '삼성'을 벌벌 떨게 만드는 모바일 OS 시장!

삼성뿐 아니라 마이크로소프트, 구글, 노키아 등 세계 일류 기업들이 모두 여기에 관심을 기울이고 있고 AT&T, 버라이즌, SKT, KT, LGT 등의 기업이 이 분야를 집중 육성하기 위해 조직 개편까지 단행하고 있다. 이 정도라면 이 시장에 숨어 있는 '노다지'를 분석해 볼 필요가 있다.

모바일 시장을 뜨겁게 달구는 패권 경쟁

전 세계 인터넷 이용자 수가 약 10억 명인 데 비해 휴대폰은 약 30억 대가 보급되어 있다. 휴대폰 보급률이 인터넷의 거의 세 배이다.

또한 미국 성인의 93%가 휴대폰을 갖고 있으며, 아이폰이나 블랙베리 같은 스마트폰뿐 아니라 일반적인 휴대폰에서조차 인터넷 접속 기능을 지원한다. 대부분의 미국 성인이 모바일 웹에 접속할 수 있는 단말기를 갖고 있는 셈이다. PC 보급률이 93%를 기록한 적이 있었던가를 생각해 보면 모바일 시장은 기술적인 환경(속도, Wi-Fi 등 무료 인터넷 접속)이 받쳐 줄 경우 그 여파는 상상을 초월한다.

PC의 OS 시장을 장악한 마이크로소프트의 기업 가치는 세계 1위의 부자를 배출했고, 거기에 딸린 부가 서비스까지 보면 그 힘은 이루 말할 수 없다.

이것을 경험한 공룡 기업들은 PC의 OS 시장보다 세 배 아니 몇십 배 더 큰 OS 시장을 놓칠 수 없는 것이다.

몇십 배라고 단정할 수 있는 근거는 뭘까? PC는 결제 수단 및 다운로드 카운팅 등을 MS에서 바로 할 수 없지만 휴대폰 OS는 다르다. 이용자의 휴대폰 번호를 알 수 있을 뿐만 아니라 다운로드할 때마다 수익, 무선 인터넷 사용 요금, 모바일 광고 시장의 통제 파워 등 PC의 OS와는 차원이 다른 이익을 얻게 된다.

이 시장을 장악한다는 것은 곧 세계 1위 기업으로 올라섬을 의미한다. 직접적으로는 막대한 이익이, 간접적으로는 파워가 보장된다. 세계의 내로라하는 이동통신사들을 통제할 수 있는 힘은 곧 돈으로 이어진다.

우리는 이미 아이폰 OS를 개발한 애플에게 각 나라의 이동통신사들이 애걸하며, 또는 막대한 로열티를 약속하며 아이폰 유치 경쟁을 치열하게 벌이는 것을 지켜보았다.

어플리케이션 다운로드 수익의 30% 배분만 보아도 그

금액이 몇 년 안에 현대자동차의 연매출 30조 원을 넘어설 것이라는 전망이 나온다. 단순히 OS를 기반으로 한 어플리케이션 다운에서만 나오는 수익이다.

또한 구글이 안드로이드 무료 배포로 노리는 가장 큰 수익원인 모바일 광고 시장만 보더라도, 2010년 이미 100억 달러(약 11조 원)를 넘어설 것으로 보인다.

2012년에는 190억 달러(약 21조 원)에 육박할 것으로 예측된다. 이것은 세계 최대 공룡 기업 MS의 1분기 매출(135억 달러)을 넘어서는 금액이다.

이제 왜 기업들이 모바일 OS 시장에 사활을 거는지 이해가 되었을 것이다.

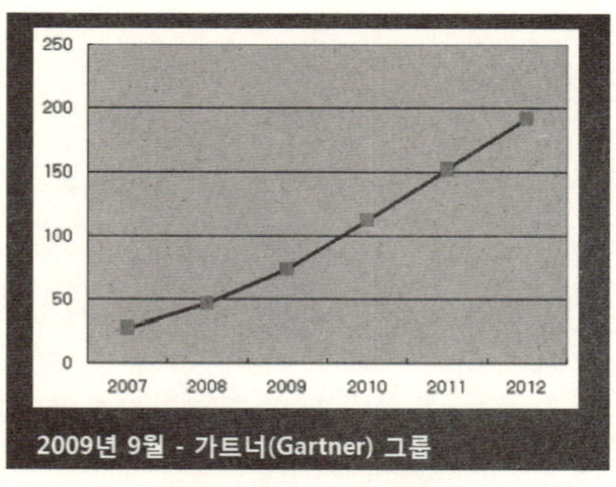

세계 모바일 광고 시장(단위 : 억 달러)

아이폰, 안드로이드폰 위탁 생산업체

아이폰과 안드로이드, 큰 인기몰이를 하고 있는 두 스마트폰의 공통점은 과연 무엇일까? 두 제품 모두 타이완에서 만든다는 것이다. 아이폰은 훙하이(鴻海), 구글폰 넥서스원은 훙다(宏達)에서 만든다.

훙하이와 훙다는 도대체 어떤 기업이기에 미국의 거대 IT 기업들이 만드는 제품이 왜 미국에서 제조되지 않고 두 기업에서 제조될까? 한번 자세히 알아보자.

구글폰 제조업체, 훙다

구글폰으로 주목 받는 넥서스원을 제조하고 있는 훙다는 타이완의 휴대폰 위탁 생산 전문 기업으로 눈부신 성장을 하고 있다. 1997년에 창업해 현재 13주년을 맞이한 홍다는 주로 미국, 유럽, 아시아 등지의 이동통신 회사들의 휴대폰 아웃소싱을 담당하고 있다. 즉 제조를 희망하는 업체가 휴대폰 설계를 해서 설계도를 넘겨주면 그 설계도를 보고 그대로 만들어 내는 것이다.

홍다의 창업주는 왕쉐훙(王雪紅)이란 여성으로, 지난 2009년 기준으로 보았을 때 21억 달러(약 2조 3,100억 원)의 재산을 가진 타이완 최고의 여자 갑부이다.

왕쉐훙은 '타이완의 정주영'으로 불려 온 왕융칭(王永慶) 회장의 딸이다. 재벌가에서 태어난 그녀는 고등학교를 마친 뒤 곧바로 미국으로 건너가 유학 생활을 시작해 캘리포니아 버클리 대학에서 경제학 석사 학위를 받았다.

대학을 졸업한 뒤 그녀의 형부가 운영하던 '따중(大衆) 컴퓨터' PC 사업부에서 해외 영업을 시작하면서 IT 업계에 발을 들여놓았다. 그녀는 그 아버지의 그 딸이란 걸 보여 주듯이 따중에서 일한 지 7년 만에 창업의 길로 들어선다. 500만 달러(타이완)를 들여 '웨이성(威盛) 전자'를 인수하며 자신의 회사를 설립한 것이다. 당시 웨이성은 주로 직접 회로(IC) 설계와 제작을 하던 회사였다. 이후 10년간 인텔과 치열한 경쟁을 벌이다 현재 구글폰을 생산하고 있

홍다 CEO 왕쉐훙

는 홍다를 세운 것이다.

위탁 생산만 주로 하던 홍다는 2006년 6월경 'HTC'라는 브랜드를 출범시켰다. 홍다가 HTC 브랜드로 시장에 진입하면서 지금은 스마트폰뿐 아니라 포켓 PC, LCD, 태블릿 PC까지 다양한 IT 제품을 생산하고 있다. 2009년 5월에 SKT에서 홍다가 만든 스마트폰 'HTC 터치 다이아몬드'를 한국 시장에 선보이기도 했다.

현재 홍다는 구글뿐 아니라 마이크로소프트 등을 주요 고객으로 삼아 타이완 최고의 IT 기업으로 성장하고 있다. 최근에는 구글이 선보인 웹브라우저 '크롬(chrome)'에 기반한 태블릿 PC도 홍다에서 위탁 생산할 것이라는 소문도 퍼지고 있다. 애플의 '아이패드'에 이은 구글판 태블릿 PC에 사람들이 거는 기대 또한 만만치 않다.

아이폰은 우리가 맡는다, 훙하이

아이폰 역시 구글폰처럼 타이완의 한 IT업체가 제조한다. 바로 '훙하이드'라는 업체다. 훙하이는 아이폰 및 아이팟 등을 위탁 생산하고 있고, 해외에서는 '팍스콘(Foxconn)'이라는 브랜드로 알려져 있다.

주로 전자제품을 생산하는 이 업체는 애플과 델, HP, 인텔 등 컴퓨터와 IT 제품을 주문자 상표 부착 생산 방식(OEM)으로 납품하고 있다. 훙하이 직원들은 '전 세계의 컴퓨터 다섯 대 중 한 대는 훙하이가 만든 제품'이라는 자부심을 갖고 일한다고 한다.

훙하이를 이끌고 있는 사람은 궈타이밍(郭台銘) 회장이다. 샐러리맨으로 사회에 첫발을 내디딘 그는 직원 수 70만 명의 최대 IT 위탁 생산 전문 기업 훙하이를 직접 일궈냈으며, 현재 13개의 계열사를 거느리고 있다.

궈타이밍 회장은 항운회사 직원으로 사회 생활을 시작했다. 그후 타이완에 전자제품 열풍이 불자 친구와 함께 훙하이를 창업했다. 초창기의 훙하이는 불과 15명의 직원이 흑백 TV 부품을 생산하는 작은 기업에 불과했다. 하지만 지금은 델, HP, 인텔 등 세계 최고의 IT 기업들을 주요 고객으로 상대할 만큼 성장했다.

홍하이 CEO 궈타이밍

궈타이밍은 홍하이를 '인재는 4류, 관리는 3류, 설비는 2류, 고객은 1류'인 회사로 정의한다. 델의 창업주인 마이클 델이 중국 선전을 방문했을 때 그는 직접 공항까지 마중을 나갔고, 이후 홍하이는 델의 최대 위탁 생산업체가 되었다. '고급 기술이건 저급 기술이건 간에 돈을 버는 기술이 좋은 기술'이라면서 중국 본토에 일찍 진출한 것도 홍하이가 고속 성장하는 데 결정적인 계기가 되었다. 이에 1988년 '팍스콘'이라는 브랜드를 갖고 중국 본토에 진출하게 되었던 것이다.

스마트폰 생산으로 최대 호황을 맞은 타이완 업체들

애플과 구글이 아이폰과 안드로이드폰을 처음부터 타이완에서 생산하기로 결정했던 것은 아니다. 애플은 여러 분석을 통해 자신들의 제품을 'OEM' 방식으로 생산해 줄 곳이 타이완밖에 없다고 결론을 내렸지만, 구글은 아니었다.

구글은 세계적인 휴대폰 생산업체인 노키아, 삼성전자, 모토롤라 등에 생산을 의뢰했다. 그러나 세 곳 모두 한마디로 거절했다. 왜 그랬을까?

2년 전만 해도 스마트폰이 이렇게 세상의 중심 키워드가 될 줄은 예상치 못했던 것이다. 삼성의 한 관계자는 자사 제품 생산도 벅찬데 수익성 낮은 스마트폰을 'OEM' 방식으로 대신 생산해 주는 것은 당시로서는 하기 힘든 결정이었다고 밝히고 있다. 지금은 땅을 치고 후회하겠지만 어쩔 수 없는 결정이었을 것이다.

한편 타이완의 두 업체는 처음부터 자사 브랜드 제품 생산보다는 'OEM' 방식 생산을 전문으로 하는 업체이다 보니 스마트폰 생산도 맡게 되었고, 현재 사상 최대의 호황을 누리게 된 것이다. 이제 스마트폰뿐 아니라 최근에 출시되기 시작하는 태블릿 PC 역시 두 회사에서 제조할 것이 당연해 보인다.

수십만 명의 일자리 창출의 기회와 미래의 수익원을 한국이 차지하지 못한 것은 많은 아쉬움으로 남는다.

안드로이드는
괴물로 진화 중

전 가전제품의 기본 OS로 확산되는 안드로이드

안드로이드의 가장 큰 장점은 OS가 무료라는 것이다. 라이센스 비용을 내지 않아도 되기 때문에 MS 윈도를 탑재한 제품보다 단가를 더 낮출 수 있다. 이런 이유로 안드로이드는 휴대폰을 넘어 전 가전제품으로까지 확산되고 있다.

TV, 전화기, 의료기기, 15인치 주방용 컴퓨터, 레스토랑 전자 메뉴판 등이 현재 개발 중이다. 차량에 들어갈 OS도 안드로이드가 될 확률이 높아지고 있다.

그럼 TV에 안드로이드가 탑재되었을 경우 개발자 입장에서는 어떤 점이 좋을까? 일단 안드로이드용으로 개발된 게임을 TV를 통해서도 할 수 있다. 또 각종 콘텐츠를 TV

로 다운받아 사용할 수도 있다.

가령 퀴즈 문제를 내서 TV 내에서 퀴즈 대회를 연다면 집에 가만히 앉아서 정답을 맞혀 볼 수 있다. 지금까지는 집에서 "저건 1번이 정답이야." "아니야, 2번이야."를 외치기만 했던 퀴즈 대회에 직접 참여해서 정답을 맞히고 정답 횟수가 많아질수록 순위권에 진입해 상금도 탈 수 있는 것이다.

이런 각종 놀이, 게임, 교육 콘텐츠 등을 안드로이드용으로 만들어 놓으면 그만큼 활용 가능성이 높아진다. 자동차의 각종 음악 플레이어나 차량 진단 프로그램들도 안드로이드가 탑재된 차량 기기에 설치하여 판매할 수 있다.

이처럼 안드로이드는 '오픈 소스, 무료'라는 매우 강력한 무기로 PC, 휴대폰을 넘어 모든 IT 가전제품으로 번져가는 '괴물'이 되어 버렸다. 모든 기기를 작동시키는 기본 OS가 되어 가고 있는 것이다.

그럼 MS는 뭘 하나

지난 10여 년 동안 OS의 왕좌를 지켰던 MS는 무엇을 하고 있는 것일까? 한마디로 애들 노는 데 끼기 싫은 것일까? 그러나 안드로이드는 이미 그 수준이 MS 윈도를 위협하는, 아니 능가하는 OS로 진화 중이다.

MS는 뒤늦게 OS의 확장성을 고민하고 있지만 이미 모바일 업계에서는 윈도 모바일 OS에 실망을 한 상태로, 비싼 로열티가 무색할 만큼 제값을 못 하고 있다.

이용료를 무료 또는 저렴하게 낮춘다 해도 MS는 검색 또는 광고 시장에서의 파워가 구글보다 약하다. 구글은 OS는 무료이지만 그 OS를 활용하여 각종 부가가치를 얻는 데 이미 상당한 성과를 거두었으며, 검색 시장의 왕좌를 차지했다.

MS가 소스 공개 및 무료를 선언할 경우에는 기존 PC에서 벌어들이던 막대한 이익을 포기해야 할 것이고, 그 결과 MS 주가의 폭락을 가져올 것이다.

이미 유료 판매를 통해 공룡이 된 MS는 절대 무료로 갈 수가 없다. 아니 하고 싶어도 근본적인 비즈니스 모델(BM)과 상충되기 때문에 그럴 수 없는 것이다. 말하자면 삼성전자가 TV를 공짜로 주거나 신규 휴대폰을 공짜로 줄 수 없는 논리와 같다.

새로운 패러다임에는 새로운 왕좌가 나타나야 한다. 그것이 바로 구글의 안드로이드이다.

Seven Days Master Series

7

step 2

아이폰 vs 안드로이드

1 대 100의 싸움

이동통신사의 관심은 가입자 확보

아이폰과 안드로이드폰 즉 애플과 구글의 싸움을 흔히 '1 대 100의 싸움'이라고 한다. 그 이유는 아이폰을 통제하는 곳은 애플이라는 하나의 IT 업체일 뿐이고, 안드로이드폰을 통제하는 곳은 각 나라의 수백 개 이동통신사들이기 때문이다.

전 세계에는 초대형 이동통신사가 24개가 있으며 기타 작은 이동통신사들이 수백 개가 존재한다. 애플은 이동통신사에서 직접 유통하는 휴대폰에 아이폰 OS를 주지 않기로 했고, 결국 아이폰의 대항마인 '안드로이드'가 선택될 확률이 높다.

현재 휴대폰 시장 점유율 1위의 OS는 노키아에서 만든

'심미안'이다. 심미안은 국내 이용자에게는 다소 생소하지만 전 세계 점유율 32%를 차지하는 막강한 OS로, 1997년에 개발되어 현재까지 안정적으로 쓰였다. 노키아의 어플리케이션 스토어 '오비스토어(store.ovi.com)'도 유럽 지역을 중심으로 잘 활용되고 있다.

그런데 현재 1위인 심미안을 각 나라의 이동통신사들이 선택하지 않는 이유는 하나, 심미안 OS는 아이폰의 파워풀한 OS의 적수가 못 된다는 것이다. 그것을 증명이나 해 주듯 심미안은 초기 스마트폰 OS의 대부분을 차지했지만 갈수록 점유율이 급격히 떨어지고 있다. 그리고 향후 3년 이내에 아이폰 OS와 구글의 안드로이드 OS가 1, 2위를 다툴 것으로 전망된다.

이미 기술력에서 검증된 아이폰과 안드로이드의 싸움에서 그것을 선택할 주체 즉, 이동통신사는 대부분 안드로이드로 방향을 잡고 있다. 그 이유는 애플의 폐쇄적인 경영 철학 때문에 아이폰 OS 사용에 제한이 많고 허가도 해 주지 않기 때문이다.

반면 안드로이드 OS는 처음부터 누구나 어디서나 무료로 쓸 수 있는 기회를 열어 놓았다. 기능은 아이폰 OS와 비슷하면서 이용료가 없거나 거의 무료에 가까워서 아이폰과 싸워 볼 만하다. 또 이후에 안드로이드가 크게 성공한다고 해도 추가로 나가는 로열티나 비용이 적다.

아이러니하게도 국내에서 아이폰의 총 판매권을 가진 KT조차 안드로이드를 밀고 있다. KT의 전략은 OS가 안드로이드이거나 아이폰이거나 가입자를 확보하는 데 도움이 된다면 어느 쪽이든 상관없기 때문이다. SKT와 LGT도 아이폰에 대항하기 위해 안드로이드를 주력 스마트폰으로 채택하고 있다.

이렇듯 아이폰은 수천 가지의 휴대폰 종류 중 하나일 뿐이다. 또 애플은 휴대폰 전문 제조사도 아니고 이동통신망을 가진 이동통신사도 아니다. 따라서 나머지 반(反) 아이폰 진영이 모두 힘을 합쳐 아이폰이라는 공룡과 싸우고 있는 형국이다.

제조사와 이동통신사의 연합전선

제조사를 중심으로 한 삼성, 모토롤라, LG전자 등도 안드로이드 OS 탑재 폰을 대량으로 생산하고 있다. 이동통신사 역시 모든 대리점과 유통망을 통해 안드로이드 탑재 폰을 전 방위적으로 밀고 있다.

❶ 삼성 '갤럭시' ❷ 팬텍 '시리우스'
❸ LG '안드로-1' ❹ 모로롤라 '모토로이'

2010년 5월까지 국내에 출시된 안드로이드폰 종류(출처 : 매일경제)

수백 개의 제조사와 이동통신사의 암묵적 동의(안드로이드 탑재)와 맞선 아이폰은 과연 어떻게 될 것인가?

아무리 인기가 높은 휴대폰이라 하더라도 시장 점유율에는 한계가 있다. 예전에 큰 돌풍을 일으켰던 '초콜릿폰'도 속속 출시되는 새로운 휴대폰에 영광의 1위 자리를 물려주어야만 했던 것처럼.

1 대 100으로 싸우는 아이폰은 초기 이동통신사들이 제대로 대처하지 못하고 준비하지 못한 틈을 타서 엄청나게

빠른 속도로 시장 점유율을 높여 갔다. 그러나 이제 이동통신사들이 연합해 대반격을 시작하면 결과가 어찌 될지, 그것은 누구도 알 수 없는 일이다.

아이폰 이용자들이 그동안 아이폰을 선호한 이유는 무선 랜 'Wi-Fi'를 이용한 무료 인터넷 이용과 산뜻한 디자인, 멀티터치 등의 기능 때문이었다. 허나 아이폰의 인기몰이는 애플 제품만을 선호하는 마니아층이 있어 초기 판매에는 애플 마니아가 큰 역할을 하기도 했다. 이런 마니아를 빼면 아이폰과 성능이 비슷한 기능, 또는 다소 뛰어난 기능을 가진 안드로이드폰이 본격적으로 출시될 경우 그 판도를 알 수가 없다.

모두들 안드로이드가 아이폰을 이길 것이라고 추측하는 근거도 여기 있다. 비슷한 기능을 가진 OS를 모든 이동통신사와 제조사가 미는데 모바일 전문업체도 아닌 애플이 과연 견뎌 낼 수 있을까?

안드로이드를 탑재한 폰들은 국내 이동통신사들이 결제의 간편화, 보조금 지급, 동네 곳곳에 있는 대리점들을 이용한 밀접 마케팅, 대량 광고 집행, 이벤트 진행 등으로 시장 점유율을 급속히 높여 나갈 것이다. 과연 독불장군 아이폰은 어떻게 대응할 것인가?

안드로이드 어플 개발,
어떤 점이 유망한가

어플 개발자들이 안드로이드를 선호하는 이유

그럼 안드로이드용 어플을 기획 또는 개발하는 입장에서 안드로이드폰이 널리 이용되면 아이폰보다 어떤 점이 유망할까?

1) 편리한 결제 방식을 채택할 수 있다

현재 아이폰은 신용 카드 번호를 받아서 국제적으로 같이 쓰고 있다. 그 이외의 결제 수단은 없다.

그러나 SKT에서 안드로이드폰을 출시하면 손쉽게 휴대폰 이용 요금에 어플 다운로드 과금을 할 수 있는 후불제를 채택할 수 있다. 신용 카드가 없는 국내 400만 신용불량자들을 위해 실시간 계좌 이체, 무통장 입금이 가능할 것이고, 카드도 국제 결제만 가능한 카드가 아니라 어느 카드라도 결제가 가능할 것이다.

우리는 지난 10년 동안 이동통신사가 콘텐츠 이용료를 휴대폰 요금과 합산하여 결제 대금을 징수하는 방식의 힘을 보았다. 이용자는 복잡한 절차 없이 본인이 원하면 'OK 다운로드'만 선택하면 된다.

요금은 이동통신사가 모두 과금하여 청구, 배분까지 일괄적으로 진행된다. 이용자는 본인이 직접 결제하는 감각도 없이 편리한 이용 때문에 유료 어플리케이션도 선뜻 다운받게 될 것이다.

2) 개발이 쉽고 오픈 마켓 등록이 자유롭다

아이폰처럼 별도의 익숙하지 않은 매킨토시 컴퓨터가 없이, 대부분 익숙한 PC 기반 환경에서 개발이 가능하다. 또한 개방적인 구글의 정책에 따라, 초보 개발자들도 쉽게 어플을 개발할 수 있도록 안드로이드 SDK도 설계가 잘 되어 있다.

아이폰은 '광고 어플'도 안 되고 '성인 어플'도 안 되고, 또 어디서 갑자기 뭐가 안 된다고 튀어나올지 모른다. 애플은 독불장군 식으로 자기들이 안 된다고 판단하면 갑작

스러운 발표로 많은 개발자들을 당황케 한 적이 많다.

많은 개발자들이 안드로이드를 선호하는 이유는 아이디어를 즉시 개발로 옮기기가 쉽다는 것이다. 개발이 쉽고 오픈 마켓 등록도 완전 자유다.

반면 아이폰은 심사 과정에 이런저런 이유로 어플이 거절되는 사례가 많다(참고로 최근에 벅스, 소리바다, 엠넷 등의 어플이 휴대폰 소액 결제가 된다는 이유로 퇴출당했다. 사실은 애플의 음악 서비스와 경쟁이 되기 때문에 퇴출되었다는 설이 유력하다).

편리한 결제 방식, 구글의 개방적인 정책 등으로 인해 개발자들은 안드로이드 쪽으로 방향을 틀고 있다.

한국 내 게임 카테고리가 없어진 사연

2010년 4월 2일 구글은 한국의 게임물등급위원회(이하 '게임위')에 공격적인 공문을 전달했다. "구글에서 한국 내 안드로이드 마켓의 게임 카테고리를 차단하겠다."는 내용이었다. 게임 어플을 개발하고 있는 개발자들에게는 청천벽력 같았다.

충격을 받은 것은 한국 정부도 마찬가지였다. 하지만 일

개 업체에 대해서 한국에서 예외를 인정해 줄 수 없었기에 한국 정부는 '원칙 고수' 입장을 재확인했다.

사건의 발단은 이렇다. 현행법상 "국내에 유통되는 모든 게임은 게임위의 등급 분류 심의를 받아야 한다."는 규정이 있다.

그런데 구글은 국내에 안드로이드 마켓 서비스를 시작하면서 해외에서 서비스 중인 안드로이드폰용 게임 4,400여 종을 유통하고 있다.

이 모든 게임을 한국 이용자들이 다운받을 수 있지만 게임위의 등급 심의를 받지 않았기 때문에 불법이라는 것이다. 한마디로 안드로이드 마켓의 모바일 게임들은 모두 불법 유통되고 있는 셈이다.

그러나 구글은 게임 카테고리를 없애지 않겠다는 입장이다. 구글 관계자는 "전 세계에 동일한 서비스를 제공하고 있는데 한국에만 별도로 게임 카테고리를 없앨 수는 없다."면서 "한국은 낡은 법 때문에 콘텐츠 전쟁에서 뒤지는 것 아니냐."고 입장을 밝혔다.

그간 어플리케이션 오픈 마켓에서 게임 등급 분류 심의는 끊임없는 논란을 낳아 왔다. 폭력·음란 게임물이 들어올 수 있다는 우려와 오픈 마켓이라는 새로운 콘텐츠의 물

꼬를 억지로 막고 있다는 의견이 맞서 온 것이다.

그러나 앱스토어 등의 오픈 마켓은 전 세계 게임 개발자들이 참여하는 만큼 이들에게 국내 서비스를 위해 심의를 강제하는 것은 사실상 불가능하다.

그것은 오픈 마켓에 개발자들이 게임을 올릴 경우 별도의 심의 없이 간단한 절차를 거쳐 바로 전 세계에 서비스되기 때문이다. 현행법이 시장 환경의 변화를 따라가지 못하고 있다는 지적이다.

더구나 게임위의 한 해 심의 처리 건수가 3,000여 건인데 안드로이드 마켓에 등록되는 연간 게임물 건수는 4,000여 건에 달한다. '몹클릭스'가 집계한 애플 앱스토어의 게임물 숫자는 2만 5,000여 건이나 된다.

만약 게임위가 오늘부터 앱스토어 심의에 들어간다면 10년간 앱스토어 심의에만 매달려야 한다는 계산이 나온다. '법대로' 한다 쳐도 현실적으로 불가능하다.

게임위 측도 난감한 상황이다. 본의 아니게 발목을 잡는 상황이 됐지만 법이 개정되지 않는 이상 국내 사용자들을 대상으로 서비스되는 게임의 경우 모두 심의를 거칠 수밖에 없다는 입장이다.

게임위 관계자는 "구글이 애플처럼 국가별로 카테고리

개편을 할 수 없다는 입장을 전해 왔다.”며 “콘텐츠 진흥을 막는다는 지적도 일리가 있지만 개정 게임법이 국회에 여전히 계류 상태인 만큼 다른 오픈 마켓과의 형평성을 지키기 위해 원칙대로 실행할 수밖에 없다.”고 밝혔다. 게임위는 시정 권고를 곧 구글 측에 전달했다.

결국 게임위가 법 조항에 예외를 두어 ‘모바일 오픈 마켓’에 유동되는 게임은 심의를 받지 않아도 된다고 양보하려고 했으나 국회 통과가 불투명한데다 구글이 세계 지배 정책의 핵심 기조인 ‘통제 없는 자율’ 원칙을 고수하기 위해 한국 시장을 포기하기로 한 것이다.

그럼 한국 개발자들은 게임 어플을 힘겹게 만들어 봤자 국내 유통도 못 한다는 것일까? 결론은 그렇지 않다.

구글과 게임위의 힘 겨루기는 원칙과 자존심의 싸움일 뿐 유통 자체를 금지하지는 않는다. 가령 아이폰을 보면 미국이나 다른 나라는 ‘엔터테인먼트〉게임’ 방식으로 ‘게임 카테고리’를 갖고 있다.

그런데 한국 계정에서만 유독 ‘게임 카테고리’가 없다. 바로 국내법 때문에 게임 카테고리를 없애는 대신 ‘엔터테인먼트’ 카테고리만 유지하고 있다.

엔터테인먼트 카테고리 안에 게임, 오락, 연예, 퀴즈 등

다양한 범주들이 뒤섞여 있는 것이다. 게임 카테고리를 두어 게임을 유통하지 않는 한 심의를 받지 않아도 된다는 유권 해석 때문이다.

구글도 게임 카테고리만 차단하겠다는 것이지 게임 자체의 제공을 중단하겠다는 것은 아니다. 가령 스포츠 게임의 경우 '스포츠 카테고리'에 제공하면 되고, 음악 게임은 '음악 카테고리'에 제공하면 되는 것이다.

결국 법이라는 울타리 안에서 게임 어플들은 할 수 없이 자기 자리를 찾지 못하고 뿔뿔이 흩어져야 할 운명이다.

아이폰 vs 안드로이드
단점 비교

안드로이드의 단점

안드로이드의 큰 단점 두 가지는 바로 어플의 파편화와 오픈 소스에서 발생하는 보안 문제이다.

1) 어플의 파편화

어플의 파편화란 안드로이드 OS 버전이 다르면 다른 버전의 어플을 다운받을 수 없는 것을 말한다.

안드로이드 OS는 급속도로 빠르게 개발되고 있다. 현재 안드로이드 군단은 OS 버전 1.5, 1.6, 2.0, 2.1에 이르는 4개의 운영체제가 20여 종의 스마트폰 기종에 탑재되어 유통되고 있다. 심지어 아직 출시도 되지 않은 버전 1.6을 탑재한 안드로이드폰도 있으며, 개발 중인 스마트폰에 탑재한 최종 버전이 테스트도 마치기 전에 벌써 2.5 버전이 나온다는 발표도 있다.

결국 버전 1.5를 가진 이용자들은 안드로이드 OS 2.1로 개발된 어플은 다운받을 수 없는 일이 벌어지는 것이다. 그럼 개발자들은 새 버전이 나올 때마다 거기에 맞춰 어플을 개발해야 하는 걸까? 그리고 계속 이렇게 버전이 달라지면 기존 이용자들은 어떻게 하라는 말인가? 버전을 업그레이드하려 해도 스마트폰 사양이 달라서 쉽지 않다.

결국 구글이 선택할 수 있는 유일한 길은 버전이 달라도 모두 다운받을 수 있는 별도의 '통합 마켓'을 운영하는 것이다. 구글의 천재들이 많은 고민을 하고 있겠지만 현재로서는 이 방법밖에 답이 없다.

2) 오픈 소스에서 발생하는 보안 문제

누구나 이용 가능하다는 것, 그것은 참으로 달콤하면서 위험한 요소이기도 하다. 구글 안드로이드폰은 누구에게나 소스가 개방되어 있는 리눅스를 기반으로 한다. 이 점이 안드로이드의 최대 장점이며 동시에 최대 단점인 것이다.

소스를 공개했기 때문에 누군가 거기에 맞춰 손쉽게 어

플리케이션을 개발할 수 있어서 안드로이드 OS가 빠른 속도로 퍼지고 있다.

반면 소스가 공개되었다는 것은 '나쁜 짓'을 할 수 있는 길이 너무 쉽게 열려 있다는 것이다. 훤히 들여다볼 수 있는 소스는 '착한 사람들'의 눈에만 보이는 것이 아니다. 소위 '악한 사람들'의 눈에도 보이며, 그것은 접속하는 이용자들의 개인 신상 정보 등을 손쉽게 빼내 갈 수 있다는 것을 뜻한다.

아직 많이 활성화되지도 않은 상황에서 벌써부터 가짜 은행 어플리케이션이 나오고 있고 고객들의 계좌 번호와 비밀 번호가 유출된 사고도 있었다. 이러한 보안 문제로 인해 안드로이드와 연관된 다양한 업체들이 서로 창과 방패의 역할을 할 것으로 보이며, 아이폰보다 안드로이드폰에서 발생하는 보안 업체의 수익이 더 높을 것이라는 전망도 나오고 있다.

아이폰의 단점

아이폰에도 치명적인 단점이 있다. 애플에서 자체 제공하는 검색 엔진과 맵이 없다는 것이다.

1) 검색 엔진이 없다

유무선 인터넷이 함께 보완되며 발전해 나가는 것이 대세인 지금 유선에서의 절대 강자 구글은 인터넷의 막강한 검색 엔진을 갖고 있지만 애플은 그렇지 못하다.

애플이 구글의 검색 엔진을 기본 검색 엔진에서 먼저 빼겠다고 한 것은 구글이 경쟁 상대가 되면 자연스럽게 빠질 것을 알았기 때문에 먼저 선수를 친 것이다.

2) 맵이 없다

또한 애플은 스마트폰에서 가장 중요한 '맵'을 갖고 있지 않다. 구글은 오랜 기간 동안 '구글 맵'을 업그레이드하면서 탄탄한 콘텐츠를 구축해 왔다.

서로의 싸움이 격해질 경우 구글은 아이폰의 커다란 장점이었던 '구글 맵'을 뺄 것으로 예상되었다. 그리고 결국 2010년 4월 27일 '아이폰에서 구글 내비게이션을 지원하지 않겠다'는 발표가 이어졌다.

애플은 머리가 좀 아프겠지만 이미 예정되었던 수순이었고, 하루 빨리 다른 지원군을 찾아야 한다. 그런데 이 지원군을 구하기가 만만치 않아 보인다.

애플의 폐쇄 정책 때문에 '플래시'로 유명한 어도비(Adobe) 사도 아이폰용 플래시 개발을 포기하고 안드로이드용 플래시만 개발하겠다고 공식 발표했다. 이처럼 전 방위적 압력을 받고 있는 것이 아이폰의 현실이다.

아이폰 vs 안드로이드 통계 비교

스마트폰 시장 점유율과 개발 선호도

먼저 미국 스마트폰의 시장 점유율을 보면 2009년에 비해 2010년에 아이폰이 1% 떨어진 반면 구글은 4%에서 9%로 2배 이상 성장했다.

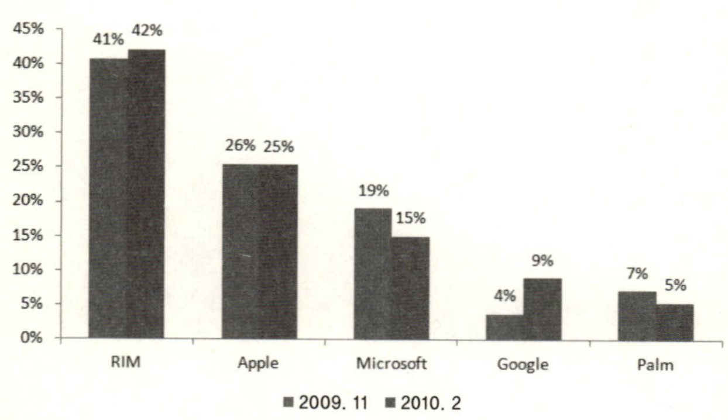

미국 스마트폰 시장 점유율(출처 : 컴스코어모빌리언스)

아직 본격적인 안드로이드폰이 출시되기 이전임을 감안할 때 2010과 2011년에는 안드로이드폰이 아이폰을 역전하리라고 쉽게 전망할 수 있다. 안드로이드폰이 아이폰을 '턱밑'까지 추격해 왔다는 징후는 여러 곳에서 포착된다.

최근 시장조사 기관인 체인지웨이브(ChangeWave)의 조사 자료에 따르면, 미국인 스마트폰 구매 희망자 100명 중 30명이 안드로이드폰을, 29명이 아이폰을 원했다. 이미 안드로이드폰이 아이폰을 거의 따라잡은 것이다.

또한 개발자들을 대상으로 한 조사를 보면, 2010년 3월 현재 안드로이드 어플을 개발하겠다는 개발자가 81%로, 2010년 초 68%에서 급상승했다.

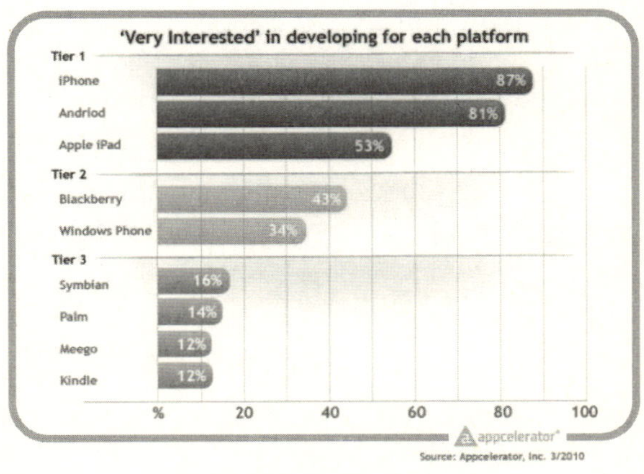

각 플랫폼별 개발 선호도

질문은 '어플을 2개 이상을 개발한다면 어떤 것을 먼저 개발할 것인가?'였고 물론 아이폰이라는 답이 87%로 만만치 않다. 그러나 안드로이드의 가장 큰 단점인 '구글 체크아웃'만 잘 해결되어도 개발자들이 기획한 것을 개발하는 1순위가 안드로이드 어플이 될 수 있음을 보여 준다.

참고로, 구글 체크아웃은 구글의 자체 결제 시스템이다. 현재 구글 체크아웃에 등록할 수 있는 신용 카드를 미국에서 발급한 신용 카드로 한정하고 있기 때문에 개발자에게 많은 불편이 따른다(자세한 내용은 72쪽 참조).

국내에서도 이런 조짐을 보이는 예로, 아이폰 개발자 교육 과정은 지원자가 정원을 초과할 정도였던 반면, SK텔레콤이 운영하는 모바일 교육센터 'T 아카데미'의 안드로이드 개발자 과정은 4.5 대 1의 경쟁률을 기록했다.

1일 평균 어플 이용 시간

스마트폰을 통한 1일 평균 인터넷 사용하는 시간은 얼마나 될까? 안드로이드폰 전체 이용자의 9%가 하루에 어플을 사용하는 시간이 4시간이 넘는다고 한다. 2~4시간 이용자는 11%, 1~2시간 이용자도 18%에 달해 결국 1일 1

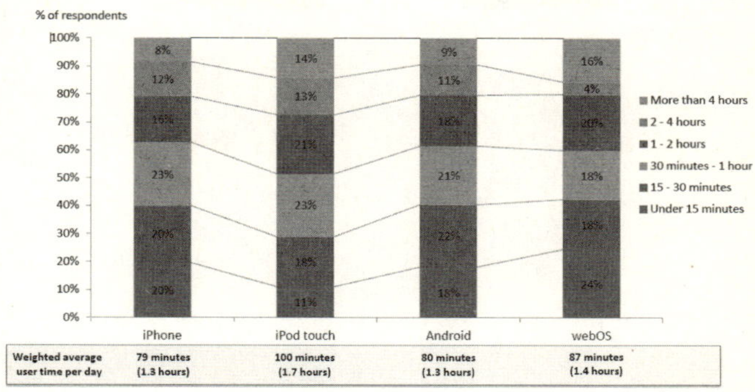

1일 평균 어플 이용 시간

시간 넘게 어플을 쓰는 사람이 38%나 된다. 정말 엄청난 수치다.

안드로이드와 아이폰 이용자의 1일 평균 어플 이용 시간은 79~80분으로, 웹 이용자의 1일 평균 어플 이용 시간(87분)에 거의 가까워지고 있다. 앞으로 점점 스마트폰이 대세가 될 것이 실감 나는 부분이다.

1인당 월평균 어플 다운로드 수

어플 다운로드 순위 통계에서 아이팟이 1위인 이유는 음악 서비스가 많기 때문이다. 아이폰과 안드로이드폰만 비교해 보면, 1인당 월평균 어플 다운로드 수는 8.7~8개

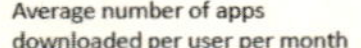

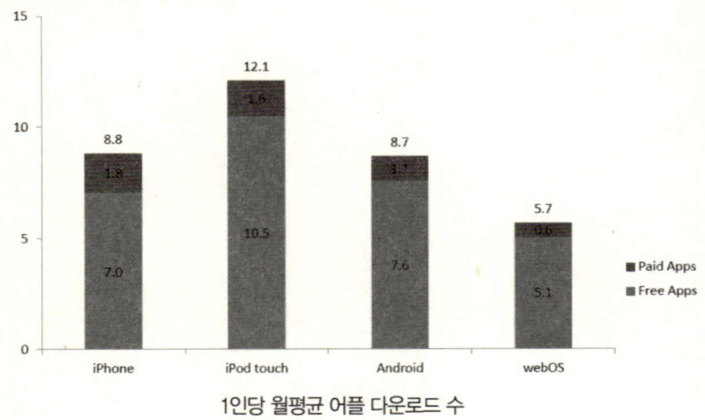

1인당 월평균 어플 다운로드 수

로 거의 같다.

단, 아이폰의 유료 어플 다운로드 수(1.8개)가 안드로이드폰(1.1개)보다 많은 이유는 안드로이드 마켓에서 유료 결제가 어려운 점과 다운받을 만한 좋은 어플들이 아직 아이폰보다 적기 때문이다. 이 수치는 차츰 개선되어 머지않아 거의 비슷한 추이까지 갈 것으로 보인다.

월 1회 이상 유료 어플 다운받는 이용자 비율

다음 도표를 보면, 아이폰 가입자는 한 달에 1회 이상 유료 어플을 다운받는 이용자가 절반(50%)에 이른 반면 안드

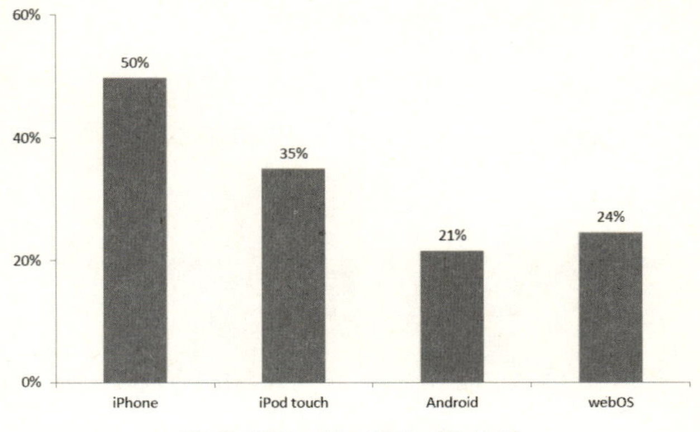

월 1회 이상 유료 어플 다운받는 이용자 비율

로이드는 21%에 불과하다.

가입자 5명 중 1명만 월 1회 이상 유료 어플을 다운받는다는 것이다. 이런 수치만 보고 아이폰의 수익성이 더 좋다고 판단하면 통계의 함정에 빠지게 된다.

현재 한국만 보더라도 아직 안드로이드폰(모토로이 등)을 가진 사람이 유료 어플을 구매할 수 없다. 한국 외의 상당수 나라들에서도 유료 어플 구매가 불가능하게 되어 있으니 당연히 그 이용자 비율이 낮을 수밖에 없다.

안드로이드 마켓의 결제 부분이 빨리 해결돼야 이 비율도 아이폰과 유사한 수준까지 갈 수 있을 것이다.

1인당 월평균 어플 다운로드 비용

안드로이드폰 이용자 1인당 어플을 다운받기 위해 한 달에 쓰는 평균 비용은 8.36달러(한화 9,600원)이다. 아이폰도 8.18달러로 거의 비슷하다.

가입자가 4천만 명인 아이폰은 한 달 어플 다운 비용 총액이 3억 2,700달러 수준이다(한화 약 3,700억 원).

우리나라에서 안드로이폰 판매는 2010년 연말 기준으로 약 150만 개 정도로 예상되며, 이를 기준으로 한 달 어플 다운 비용 총액을 추정해 보면 150만 개×8.36달러＝1,250만 달러(한화 약 144억 원)가 된다.

이 수치는 사업 초기인 2010년만 본 것으로 2011년 이후 시장은 상상에 맡기도록 하겠다.

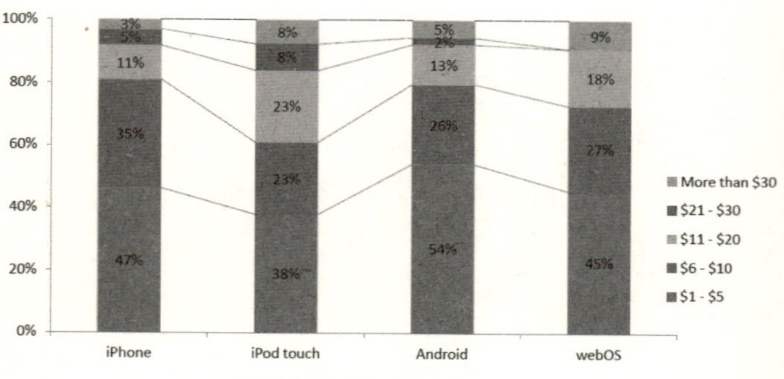

1인당 월평균 어플 다운로드 비용

좋은 어플을 가지고 수익을 많이 올리는 업체나 개인들도 있겠지만 시장에서 반응이 없어 기대수익에 미치지 않는 어플도 있을 것이다. 이것은 시장의 논리이므로 누구를 탓할 필요도 없다. 얼마나 아이디어를 내는 데 노력했느냐가 수익의 크기를 결정한다.

남녀 선호도

아이폰 사용자의 남녀 비율을 보면 남(57%) : 여(43%)이다. 여자가 거의 절반에 가까운 반면 안드로이드폰은 73%가 남자로 여자 비율이 절대적으로 낮다. 안드로이드는 왜 남자들이 선호하는 것일까?

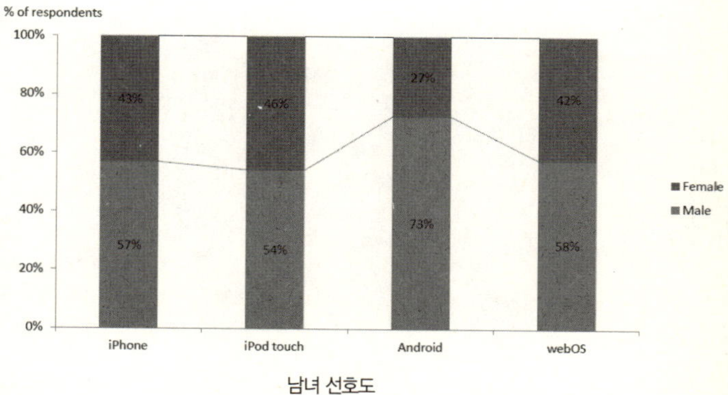

남녀 선호도

그 이유는 정확히 알 수 없지만, 주변 전문가들과 이야기를 나누어 보면 아이폰의 디자인을 여성들이 상당히 선호한다고 한다.

그럼 안드로이드폰은 아직 여성들을 만족시키는 디자인을 내놓기 어려운 걸까? 현재로서는 디자인에서 '애플'을 따라잡지 못한 것이 확실해 보이지만 머지않아 남녀 선호도 차이가 많이 완화되리라는 짐작은 할 수 있다.

안드로이드폰 신규 등록 어플 수

안드로이드폰 신규 등록 어플이 2010년 들어 가파른 상승세를 보이고 있다.

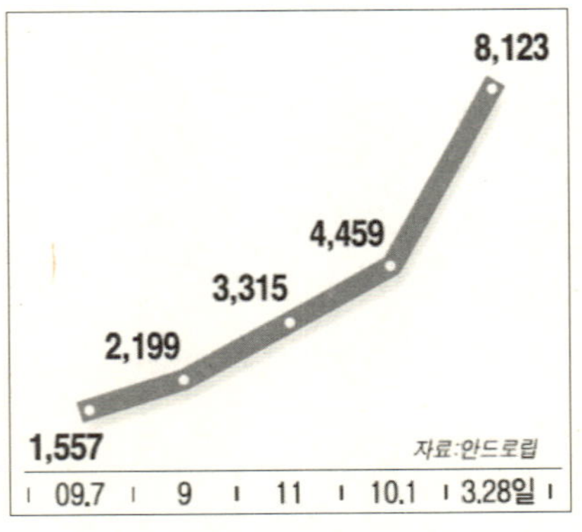

안드로이드 마켓 신규 콘텐츠 등록 수(단위 : 개)

Top Smartphone Platforms 3 Month Avg. Ending Feb. 2010 vs. 3 Month Avg. Ending Nov. 2009 Total U.S. Age 13+ Source: comScore MobiLens			
	Share (%) of Smartphone Subscribers		
	Nov-09	Feb-10	Point Change
Total Smartphone Subscribers	*100.0%*	*100.0%*	*N/A*
RIM	40.8%	42.1%	1.3
Apple	25.5%	25.4%	-0.1
Microsoft	19.1%	15.1%	-4.0
Google	3.8%	9.0%	5.2
Palm	7.2%	5.4%	-1.8

미국 내의 스마트폰 OS 점유율

2009년 11월부터 2010년 2월까지 3개월간 미국 스마트폰 시장 OS 점유율을 보면, 애플은 0.1% 감소했으며 구글은 5.2% 대약진을 했다.

현재의 추세대로라면 2010년 말쯤이면 안드로이드와 아이폰이 거의 대등한 수준까지 갈 것으로 보인다.

블랙베리로 유명한 리서치인모션(RIM)은 현재 미국에서는 직장인에게 큰 인기를 끌면서 오랫동안 사랑을 받아 왔지만 안드로이드의 강세로 인해 그 성장세는 멈출 것으로 예측된다.

안드로이드폰 모델 선호도

전 세계적으로 안드로이드폰은 어떤 모델이 가장 많이 쓰이고 있을까? 2009년 11월 현재 선호도 1위를 차지하고 있는 것은 HTC 드림(Dream)이다. 2위는 모토롤라의 드로이드가 차지하고 있고, 국내폰은 거의 전무한 상황이다.

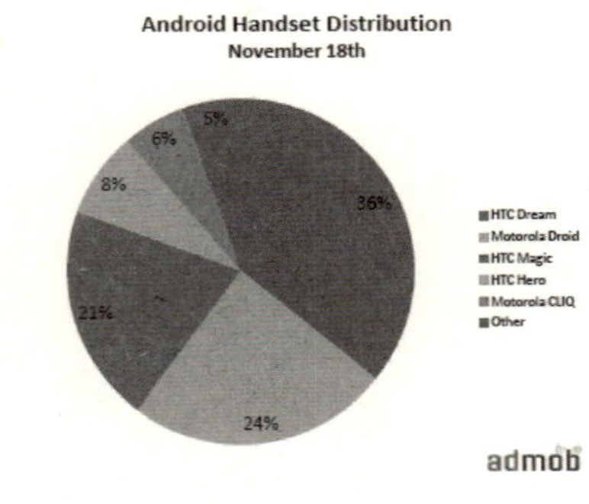

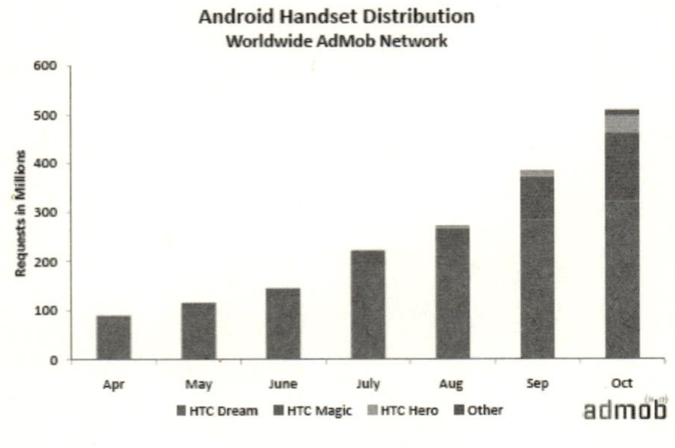

안드로이드폰 모델 선호도

step 2. 아이폰 vs 안드로이드

트래픽을 가장 많이 일으키는 OS

트래픽이 많다는 것은 인터넷이나 어플 이용이 많다는 뜻이다. 트래픽이 많다는 것은 해당 폰에 대한 사업성이 더 높다는 것을 의미하기도 한다.

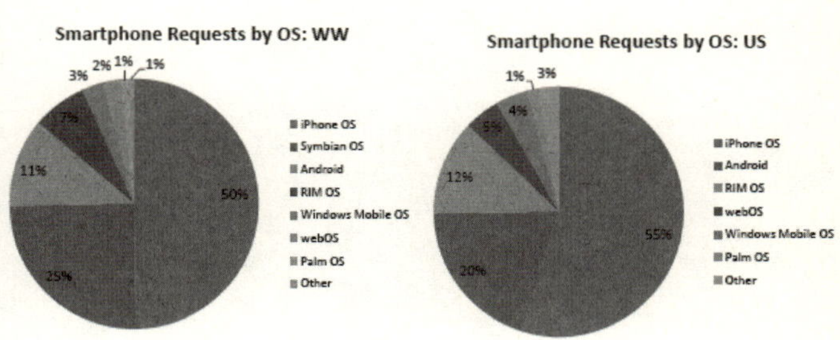

2009년 10월을 기준으로 보면, 아이폰 : 안드로이드 트래픽 비율이 55 : 20이다. 이 두 가지의 OS를 탑재한 폰이 전체 트래픽의 75%를 차지하면서 시장을 키우고 있다. 안드로이드가 RIM을 거의 2배 규모로 따라잡았으며, 웹 OS는 시장에서 정체되고 있는 상황이다.

흥미로운 것은 아이폰이 안드로이드폰에 비해 10배는 많이 팔았는데 2.8배 정도밖에 트래픽을 내지 못하고 있는 점이다. 결론은 안드로이드폰 이용자들의 인터넷과 어플 이용이 상당하다는 것이다.

Seven Days Master Series

7

step 3

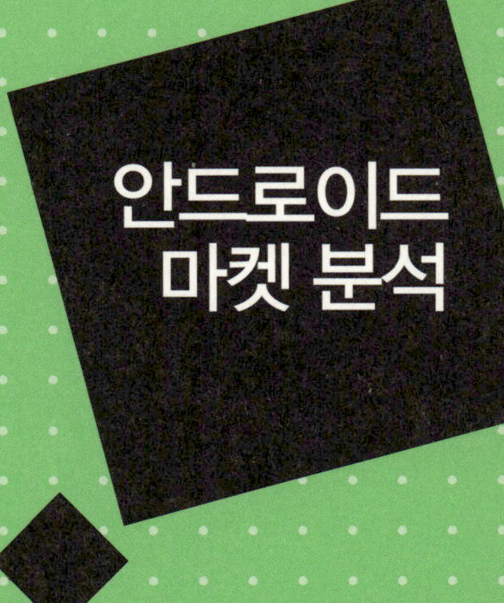

안드로이드 마켓 분석

안드로이드 마켓
둘러보기

안드로이드폰에서 마켓 들어가기

먼저 안드로이드 마켓에 들어가는 방법부터 알아보자. 그림처럼 안드로이드폰에서 '마켓' 버튼을 누르면 마켓에 입장할 수 있다.

모토롤라 안드로이드폰
(출처 : 모토롤라 안드로이드폰 한국 사용자 모임)

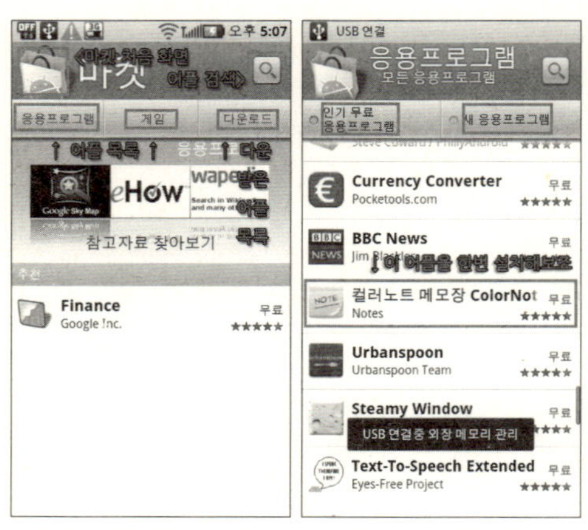

| 안드로이드 마켓 초기 화면 | 응용 프로그램(어플) 화면 |

어플 검색하기

마켓의 초기 화면에서 오른쪽에 보면 검색하는 버튼이 있어 원하는 어플리케이션을 찾을 수 있다. 가령 자동차 관련 게임이나 정보 어플을 찾고 싶으면 'CAR'로 검색하면 된다.

어플은 크게 응용 프로그램과 게임 프로그램으로 나뉜다. 아이폰도 어플의 양대 산맥은 게임 어플과 비게임 어플로 구성되어 있다. 그러나 아이폰이 16개 카테고리로 구분되어 있는 반면 안드로이드폰은 메뉴가 복잡하지 않고 단순하게 구성되어 있다.

제일 오른쪽 '다운로드' 버튼을 터치하면 자신이 다운 받은 어플 목록을 보여 준다. 응용 프로그램 화면은 '인기 어플'과 '새로운 어플'로 나뉘어 있다. 샘플로 한 개의 어 플을 다운받아 보자.

어플 소개 읽기

응용 프로그램 화면 그림에 보이는 '컬러 노트 메모장' 을 클릭하면 아래와 같은 화면이 나온다. 여기서는 이 어 플이 어떤 어플인지 소개된다. 이 설명이 사용자의 다운로 드 여부를 결정하므로 어플을 잘 만드는 것 못지않게 소개 글을 잘 쓰는 것도 어플의 성공 요인이 될 수 있다.

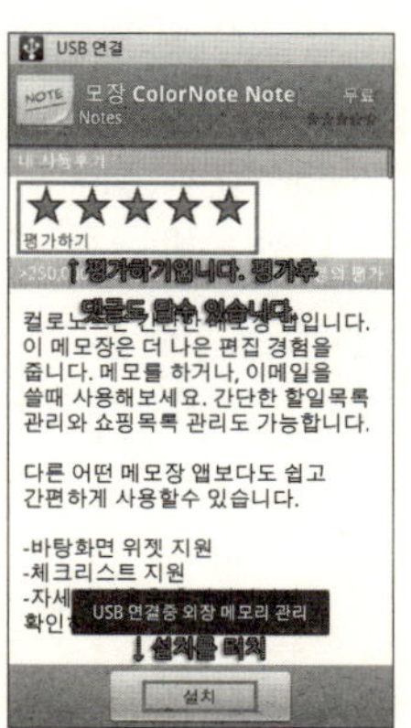

어플은 잘 만들어 놓고 소개 글 표현이 약해 다운로드를 유도하지 못하는 실수를 범하지 않으려면 감칠맛 나게 글을 잘 쓰는 사람에게 도움을 요청하는 것도 좋다.

어플 설치

'설치' 버튼을 터치하면 어플이 자신의 안드로이드폰에 설치된다. 설치가 완료되면 아래 그림처럼 바탕화면에서 새로 설치된 어플들을 볼 수 있다.

모토로이 안드로이드 마켓 설치 전후 화면(출처 : 신제갈량 님 블로그)

안드로이드폰의
기본 특징

기본 검색 엔진은 '구글'

이 부분은 설명할 필요도 없을 것이다. 안드로이드폰은 구글이 만든 스마트폰이므로 기본 검색 엔진이 '구글'임은 너무나 당연하다.

가로 세로 화면 전환을 고려하라

안드로이드 어플을 개발하고자 한다면 반드시 알아 두어야 할 것이 있다. 개발 전에 가로로 개발할 것인지 세로로 개발할 것인지 미리 결정해야 한다는 것이다.

가로 세로 화면 전환은 안드로이드폰이 인공 지능이라서 알아서 해 주는 것이 아니다.

　개발할 때 가로 화면이 자신의 콘텐츠에 적합한지 세로 화면이 적합한지 기획하는 사람이 결정해야 한다. 물론 둘 다도 가능하다.

　가로 화면과 세로 화면을 모두 개발해 두면 이용자가 휴대폰을 옆으로 돌릴 경우 화면이 따라서 돌게 되어 있다. 가로 화면으로 개발한 어플은 옆으로 돌려도 가로 화면밖에 나오지 않는다.

　참고로 개발자가 가로 화면과 세로 화면을 둘 다 개발하는 것은 한마디로 '노가다' 작업이라 할 수 있다. 일일이 화면마다 가로 세로를 따로 개발해야 하기 때문이다. 고생이 되더라도 이용자가 편리하다면 그렇게 해야 할 것이다.

　내가 본 어플 중에서 양쪽 다 개발해 놓은 어플은 10개 중 한두 개뿐이었다. 아쉽게도 개발비가 많이 들기 때문에 많은 사람이 선호한다 해도 개발자는 외면하는 듯하다.

개발의 걸림돌
구글 체크아웃

미국 신용 카드만 통하는 결제 시스템

필자 생각에 안드로이드 마켓의 가장 큰 문제점은 결제 시스템이다. 아니 이 점은 필자뿐만 아니라 모든 개발자들의 공통된 생각일 것이다. 정말 많은 사람이 아쉬워하는 부분이다.

안드로이드 마켓에서 결제를 진행하려면 '구글 체크아웃'을 이용해야 한다. 구글 체크아웃은 구글이 '페이팔(PayPal)'을 견제하기 위해 만든 결제 시스템이다.

구글 체크아웃은 한마디로 미국인을 위한 서비스라고 해도 과언이 아니다. 구글 체크아웃은 등록할 수 있는 신용 카드를 미국에서 발급한 신용 카드로 한정하고 있기 때문이다.

다른 나라의 신용 카드가 일부 허용되기는 하지만 구글 본사가 있는 미국 주변 국가 캐나다에서조차 구글 체크아웃에 가입하지 못해 불만이 많다고 한다.

아이폰의 경우는 전 세계 신용 카드는 물론 기프트 카드도 사용할 수 있다. 그렇다면 구글은 왜 이런 치명적인 약점을 안고 가는 것일까? 그 이유는 바로 구글의 최종 목표가 '페이팔'을 이기기 위한 것이기 때문이다.

구글 페이팔 따라잡기의 저의는?

그럼 도대체 페이팔이란 무엇인가? 페이팔은 1998년 12월에 이베이를 모회사로 하여 설립된 인터넷 결제 서비스이다. 만 18세 이상이면 누구나 이용할 수 있고 페이팔 계좌끼리 또는 신용 카드로 송금, 입금, 청구할 수 있다.

페이팔은 수수료를 받기는 하지만 거래 시 신용 카드 번호나 계좌 번호를 알리지 않아도 되기 때문에 안전하다. 미국에서 막대한 거래량을 자랑하는 '이베이'에서 물건을 사기 위해서는 필수적으로 사용해야 한다.

페이팔 서비스를 통해 결제되는 금액은 가히 천문학적인 수치이며, 구글이 노리는 것이 바로 이러한 '페이팔 따

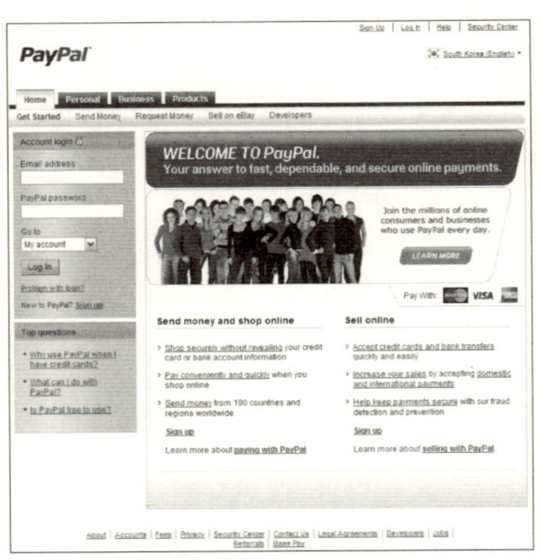

미국 인터넷 결제 서비스 이용 순위 No.1인 페이팔 사이트

라잡기'이다. 결국 구글의 의도는 인터넷 결제 시스템에서 우위를 차지하려는 것이다.

각 나라별 이동통신사에서 앞을 다투어 '안드로이드폰'을 출시한다고 하자, 구글은 안드로이드폰에 '구글 체크아웃'을 적용시키면 세계 모든 결제 시스템을 장악할 수 있을 거라고 판단한 것 같다.

물론 안드로이드폰이 10억~20억 개가 보급되면 가능한 일일 수도 있다. 하지만 미국 이외의 안드로이드 마켓 이용자들이 모두 불편을 느끼고 있으며, 대부분의 사람들이 이것 때문에 '아이폰'을 이기지 못한다고 보고 있다.

안드로이드 개발자와 이동통신사의 고민

구글은 단순히 아이폰보다 어플 수가 적은 것(애플 앱스토어 16만 개, 구글 안드로이드 마켓 4만 개)은 극복할 수 있다고 믿는다. 하지만 개발자들이 왜 아직까지 안드로이드 마켓으로 몰려들지 않는 것일까?

바로 결제 시스템 '구글 체크아웃'이 원인이다. 단적인 예로, 한국의 한 개발자가 '좋은 어플'을 기획해 낸 뒤 안드로이드용으로 만들 것인지 아이폰용으로 만들 것인지 고민할 때 가장 중요한 판단 지표는 수익성이다. 즉 수익이 없는 안드로이드폰보다 아이폰으로 결정할 가능성이 높다.

안드로이드의 현재 결제 시스템 즉 구글 체크아웃의 제약 때문에 한국의 사용자들이 무료 어플밖에 다운받지 못하는 현실에서, 돈을 벌기 위해 개발을 하는 개발자는 할 수 없이 아이폰으로 갈 수밖에 없는 것이다.

이렇듯 안드로이드폰의 가장 큰 문제가 결제 시스템인데 구글은 현재까지 뾰족한 수를 내놓고 있지 못하다. 아니 고민의 흔적도 보이지 않는다.

오히려 고민하는 곳은 각 나라의 이동통신사들이다. 안드로이드 마켓이 활성화되어야만 이동통신사가 안드로이드폰을 많이 팔 수 있기 때문이다. 그래서 SK텔레콤의 경우에는 T스토어를 통해서 안드로이드 어플 마켓을 운영하고 있지만 국내 개발자만 등록해 그 수가 매우 적다.

외국에 있는 안드로이드 개발자가 국내 SKT에 어플을 제공하고 수익을 내려고 해도 국제 거래를 하려면 한국에 사업자 또는 그 대리인이 있어야만 한다.

구글의 최근 행보

왜 이런 일이 벌어지고 있는 것일까? 현재 안드로이드폰이 아이폰에 비해 시장에서 열세이며, 그 가장 중요한 원인이 결제 시스템이라는 것을 잘 알면서도 구글이 이에 대처하지 않는 진짜 이유는 무엇일까?

그것은 아이러니하게도 '구글의 세계 지배 전략' 때문이다. 구글은 세계 지배를 꿈꾸면서도 미국 이외의 유료 결제 다운로드를 거의 불가능에 가깝게 해 놓았다.

물론 2010년 안에 한국에서도 유료 다운로드가 가능할 것이라고 수도 없이 밝히고는 있지만 과연 그런 의지가 있나 싶게 노력하는 모습이 보이지 않는다.

한국에서 발급한 신용 카드로 결제할 수 있도록 하는 일이 그렇게 어려운 것일까? 각 이동통신사의 휴대폰 요금에 유료 다운로드 비용을 합산하여 요금을 회수하는 것이 과연 기술적인 문제일까? 물론 아니다.

구글의 최근 행보를 보면 가히 놀랄 정도이다. 인터넷 검색에서 제왕이 된 구글은 휴대폰 분야에서도 제왕을 꿈꾸며 안드로이드 OS를 내놓고, 직접 제조한 휴대폰 '넥서스원'까지 발표했다.

또한 모바일 광고 시장을 장악하기 위해 7억 5,000만 달러라는 거금을 들여 '애드몹'을 인수했다. 최근에는 TV까지 만든다고 한다.

심지어 '페이스북(Facebook)'을 견제하기 위해 '구글 버즈'도 만들었다. 게다가 애플이 아이패드를 내놓자 자기들도 태블릿 PC를 내놓겠다고 한다.

구글의 지금까지의 행보를 보면 당연히 '구글 체크아웃'을 통한 세계 결제 시스템 장악이라는 목표를 포기할 수 없을 것으로 보인다.

하지만 이용자에게 외면당하고 있는 '구글 체크아웃'의

대대적인 손질, 또는 새로운 방식을 찾지 않으면 안드로이드 OS가 아무리 좋다 해도 원하는 대로 세상을 지배할 수는 없을 것이다.

* 참고 : 페이스북(Facebook)은 사람들이 친구들과 대화하고 정보를 교환할 수 있도록 도와주는 소셜 네트워크 웹사이트로, 2004년 2월 4일에 당시 하버드 대학교의 학생이었던 마크 주커버그가 설립했다. 구글 버즈는 이 페이스북을 이기기 위해 구글에서 만든 소셜 네트워크 서비스인데, 막대한 홍보에도 불구하고 부진을 면치 못하고 있다.

특명, 안드로이드를 지켜라!

결국 구글 결제 시스템의 문제를 해결하려면 각 나라의 이동통신사에게 과금할 기회를 주고, 개발자에게 주는 결제 대금은 구글이 모아서 전 세계에 판매한 어플 판매 대금을 구글에서 관리하면 된다.

신용 카드 결제 이외에도 '휴대폰 과금'이라는 편리하고 막강한 무기를 사용하면 오히려 애플 아이폰을 빨리 따라잡을 수 있을 것이다.

전 세계의 머리 좋은 사람들이 모여 있는 인터넷 제왕과 이동통신사들도 바보가 아닐 테니 기다려 보기로 하자. 안드로이드폰이 대대적으로 배포되는 2010년 안에 무슨 답을 내놓지 않을까 기대한다. 이제 '아니면 말고'가 아니라 '아니면 끝'인 시점이다.

Seven Days Master Series
7

step 4

안드로이드
어플의
수익 전망

새로운 부자 탄생을
예고한다

안드로이드 어플 시장의 수익성

어플 다운로드 횟수 통계에서 공개된 1위부터 10위까지
를 분석해 보면(2008년 11월 기준), 1위가 25만 번 이상의
다운 횟수를 기록했다.

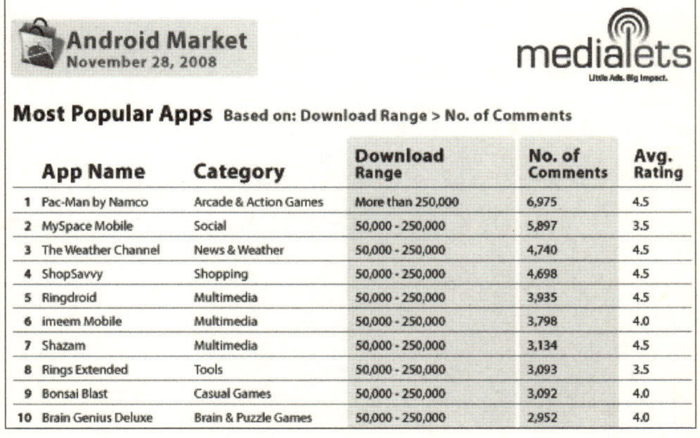

Most Popular Apps Based on: Download Range > No. of Comments

	App Name	Category	Download Range	No. of Comments	Avg. Rating
1	Pac-Man by Namco	Arcade & Action Games	More than 250,000	6,975	4.5
2	MySpace Mobile	Social	50,000 - 250,000	5,897	3.5
3	The Weather Channel	News & Weather	50,000 - 250,000	4,740	4.5
4	ShopSavvy	Shopping	50,000 - 250,000	4,698	4.5
5	Ringdroid	Multimedia	50,000 - 250,000	3,935	4.5
6	imeem Mobile	Multimedia	50,000 - 250,000	3,798	4.0
7	Shazam	Multimedia	50,000 - 250,000	3,134	4.5
8	Rings Extended	Tools	50,000 - 250,000	3,093	3.5
9	Bonsai Blast	Casual Games	50,000 - 250,000	3,092	4.0
10	Brain Genius Deluxe	Brain & Puzzle Games	50,000 - 250,000	2,952	4.0

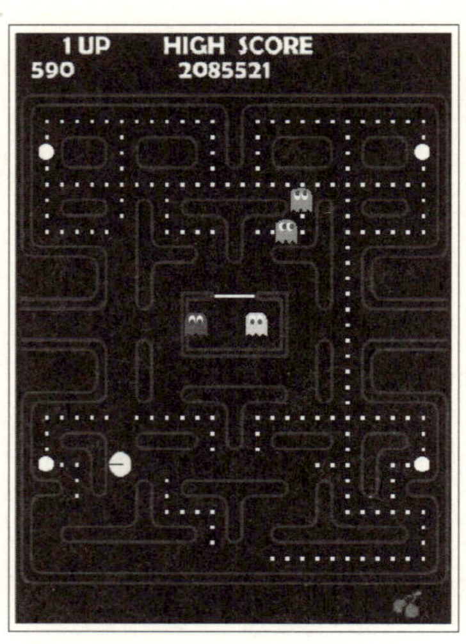

　1위는 일본의 게임 제작사 남코(Namco)의 전설적인 게임으로, 한때 오락실에서 유행했던 게임이다. 아이폰에서는 7.99달러에 판매했지만 안드로이드에서는 6.99달러에 판매하고 있다.

　앞의 도표에서 보듯이 이 게임은 최하 25만 번을 다운받았다고 치더라도 174만 달러의 수익을 올렸다. 우리나라 돈으로는 20억 원 정도. 오랫동안 1위를 차지한 것에 비하면 그리 큰 액수는 아니다. 하지만 일단 10위권 안에 진입하면 평균 유료 가격이 2.69달러 정도라고 가정해도 약 10만 달러 이상은 벌어들일 수 있다.

안드로이드 마켓은 아직 미국 등 일부 지역에서만 활성
화되어 있다. 앞으로 전 세계에서 다운로드가 가능해지면
월 수십억 원을 버는 어플도 많이 탄생할 것으로 보인다.

아이폰과 비교한 수익성 분석

가입자 월평균 어플 다운로드 통계를 보면, 현재 안드로
이드는 유료 다운로드 비율이 아이폰보다 낮다.

그 이유는 한국만 보아도 쉽게 알 수 있다. 한국에서는
구글의 결제 시스템인 체크아웃 서비스를 이용할 수 없기
때문에 아직 유료 다운로드가 안 되고 있다.

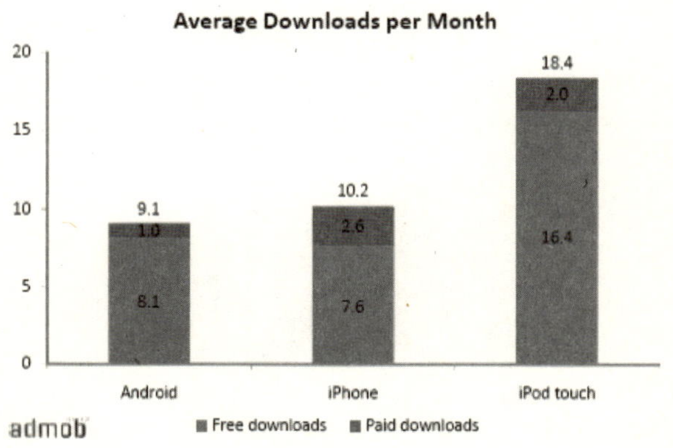

현재 미주 국가를 제외한 수많은 나라에서 유료 다운로
드가 안 되는 것을 감안하면 지금도 적은 수치가 아니다.
앞으로 결제 시스템 문제가 해결되어 유료 다운로드가 가
능해지면 아이폰의 성과를 뛰어넘을 가능성이 높다.

안드로이드 개발자를 위한 전 방위적 지원

안드로이드 OS를 기반으로 한 어플 개발자를 양성하기 위해 각종 지원 제도나 공모전이 활발하게 진행되고 있다.

아이폰의 경우 특별한 지원이 없었던 것에 비하면 안드로이드 측이 다급함을 내비치는 듯도 하다. 제조사, 이동통신사, 구글 등의 전 방위적 지원은 안드로이드 어플 개발자에게 직간접적으로 좋은 기회를 제공하므로 잘 활용하기 바란다. 그러면 이제부터 그 내용을 살펴보자.

국내 이동통신사의 지원

SK 텔레콤의 TAC 사이트(http://tac.tstore.co.kr)에서는 안드로이드 개발자만을 위한 공모전이 한창 진행 중이다.

이 공모전은 벌써 3회째를 맞고 있으며 수시로 진행하고 있으니 관심 있는 개발자들은 잘 지켜보기 바란다.

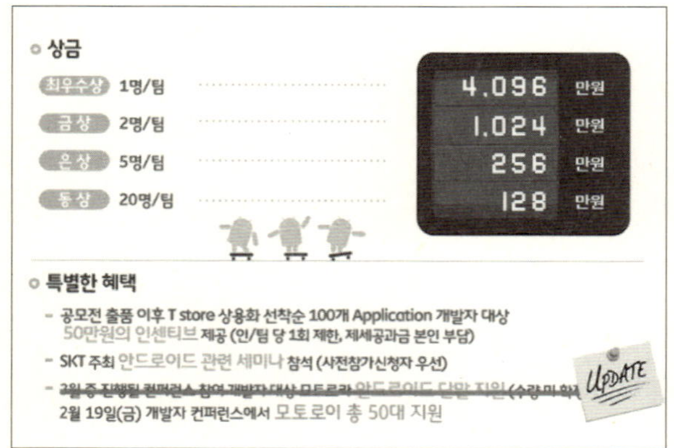

공모전에서 주는 혜택과 상금은 상당하다. 최우수상에는 무려 4,096만 원의 상금이 걸려 있다.

또한 공모전 출품 이후 상용화 선착순 100개 어플리케이션 개발자에게는 추가로 50만 원의 인센티브를 제공한다. 안드로이드 개발에 관심 있는 사람들은 한번 출품해 보는 것도 좋을 것 같다.

공모전 최우수상 당선자 시상 장면

또한 SKT는 '상생 펀드'라는 것을 운영한다. 상생 펀드
는 약 100억 원의 재원을 확보하고 있어서 안드로이드 개
발을 기획하고 있는 사람의 아이디어가 좋으면 투자를 받
을 수 있다. 방식은 PF(프로젝트 파이낸싱)와 지분 투자 두
가지 방식으로 진행되고 있다.

PF는 좋은 어플리케이션 기획안을 갖고 있으면 그 아이
디어나 개발품에 대해서 투자하는 방식으로, 해당 어플만
놓고 수익성을 분석해 수익이 나면 배분하는 방식이다.

지분 투자는 회사의 가치를 보고 주식을 구주(대주주 지
분 인수) 또는 신주(회사가 주식을 새로 발행하여 투자 받는 방
식) 인수 형태로 진행하고 있다.

매달 18일에 마감하며 SKT의 TAC 사이트에서 지원할 수 있다.

안드로이드 개발 경진 대회

구글은 안드로이드 개발을 독려하기 위해 2007년 11월부터 2008년 8월까지 안드로이드 개발 대회를 열었다.

총 1,800여 팀이 참가했고, 시상금은 50만 달러(한화 약 60억 원)였다. 한국의 많은 개발자들도 상금보다는 글로벌 시장 진출의 꿈을 안고 덤벼들었으나 정보와 준비 부족으로 순위권에는 들지 못했고 수상자가 유럽과 미국에 집중됐다.

이처럼 안드로이드를 기반으로 한 개발자를 키워 내기 위해, 아니 정확히 말하면 아이폰 앱스토어보다 더 많은 어플리케이션을 생산해 내기 위해 각종 지원 대회 및 지원책이 속속 발표되고 있다. 가장 먼저 시작한 곳은 KT였다.

2009년 9월부터 시작한 한국 안드로이드 개발자 대회는 구글의 챌린지가 명성도 상금도 높지만 그만큼 경쟁도 치열하다.

KT는 수상한 어플리케이션에 대해서는 아무 조건 없이

홍보 등 전폭적인 지원까지 약속했다. 이후에도 계속 개발자 지원 사업을 벌이겠다고 하니 대회 참가 기회가 많아지고 있다.

국내 대기업이 대회를 열고 지원까지 약속하면서 얻고자 하는 것은 안드로이드폰에 대한 브랜드 우위이다. 이전에 SKT가 '통화는 SK텔레콤이 제일 잘 터집니다'라는 이미지로 상당한 효과를 본 것을 노리고 누가 안드로이드폰에 강세인지 그 이미지를 심어 주려는 것이다.

커넥서스 모바일 얼라이언스 안드로이드 개발자 대회

커넥서스 모바일 얼라이언스(Conexus Mobile Alliance)에서도 안드로이드 개발자 대회를 펼쳤다.

커넥서스 모바일 얼라이언스는 KT가 포함된 아시아 10개국 이동통신사가 협력을 위해 조직한 단체이다. 총 가입자가 2억 명에 달하고 있어 이 대회의 우승은 상금을 떠나 막대한 부를 보장받는 것과 마찬가지이다.

이 대회 우승자는 10개 이동통신사를 통한 적극적인 지원 및 홍보가 보장되기 때문에 우승은 연간 몇십억 원 이상의 수익을 창출할 가능성이 높다.

이상과 같이 안드로이드는 제조사, 이동통신사 등이 전
방위적 지원을 하고 있고, 곧 새로운 대규모 지원 사업들
이 줄지어 나올 것이 예상되고 있다.

애플은 아직 앱스토어에서 벌어들인 수익으로 개발자
지원을 하고 있지 않으며 앞으로도 별다른 지원 계획을 내
놓지 않을 것 같다. 1등으로서 느긋한 것이다.

안드로이드 진영은 아이폰을 따라잡는다는 공동 목표를
갖고 때로는 경쟁을, 때로는 연합을 통해 각종 지원책을
쏟아 내고 있다.

안드로이드폰 몇 종이나 나올까

화려한 제조사 행렬

SK텔레콤은 그동안 참았다는 것을 증명이나 하듯 2010년 6월까지 10종의 스마트폰을 출시한다고 밝혔다.

SKT가 2010년 상반기에 출시할 대표적인 스마트폰 5종(출처 : 지디넷코리아)

SKY에서 개발한 첫 스마트폰 '시리우스'

　'KT 애플'에 복수전을 선포하고 연합전선을 구축한 제조사들이 화려하다. 삼성전자, LG전자, 팬텍, 모토롤라, HTC, 리서치인모션(RIM), 소니에릭슨 등 노키아를 제외한 전 세계 공룡 기업들이 대거 참여했다.

　KT도 2010년 이내에 10~15종의 안드로이드폰을 내놓을 예정이라고 발표했다.

　국내에 연간 300만 대의 휴대폰을 공급하고 있는 스카이(SKY)는 첫 스마트폰 '시리우스'에 안드로이드를 탑재하기로 했다. 그리고 2010년 이내에 100만 대의 시리우스를 보급하겠다고 밝혔다.

　아이폰의 2010년 말 국내 예상 보급량 120만 대와 거의

맞먹는 수준이다. 안드로이드 최신 버전인 2.1버전은
1GHz의 속도를 자랑한다. 특히 기존 안드로이드폰의 저
장 공간이 200MB밖에 안 되어 가장 큰 단점으로 지적된
것에 비해 '시리우스'는 1GB의 고용량 내장 메모리를 장
착했다.

아이폰 개발자가 안드로이드로 이동하고 있다

미국의 모바일 광고 전문 회사 애드몹이 2010년 2월에
조사한 자료에 따르면, 아이폰 개발자 가운데 70%가 안드
로이드를 개발하겠다고 밝혔다.

안드로이드가 대세로 자리매김하고 있는 이상 안드로이
드 개발자도 급속하게 늘어날 전망이다.

Seven Days Master Series
7

step 5

성패를
좌우하는
기획과 홍보

어플 개발 기간과
교육 과정

안드로이드 어플 개발은 쉽다?

흔히 안드로이드 어플 개발하기가 아이폰보다 쉽다고들 말한다. 그 이유는 PC 이용자들에게 맥 OS는 익숙하지 않기 때문이다. 그렇지만 아무리 안드로이드에 SDK(안드로이드 어플 개발 툴) 같은 쉬운 툴이 있다고 해도 어플 개발이란 그리 만만한 일이 아니다.

최근에는 안드로이드 어플 개발이 양파 껍질 까기 같다고 말하는 사람들이 많아졌다. 어플리케이션만 개발하면 되는 줄 알았는데, 코어를 손봐야 하거나 커널(kernel)까지 손봐야 하는 경우도 생긴다고 한다.

코어란 우리말로 '핵심'이라는 뜻으로 쓰이기도 하는데, 어플 개발 시 코어를 손본다는 것은 기억매체 등 핵심

부분을 건드려야 한다는 뜻이다. 커널을 손본다는 것은 운영 체제까지 건드려야 한다는 뜻으로, 리눅스가 이미 오픈된 소스인데 그 소스까지 손봐야 한다는 것이다.

다만 안드로이드 어플 개발이 좋은 점은 역시 '개방성'이다. 아이폰과 달리 많은 분야에서 개발이 용이하도록 소스가 개방되어 있으니 초보 개발자들에게는 아이폰보다 수월한 것이 사실이다.

개발 기간은 어느 정도?

'내 사진첩'이라든지 '책 어플' 한 권 정도의 간단한 어플 한 가지를 개발하려면 2개월 정도 잡으면 된다.

물론 모든 안드로이드폰의 버전에 맞춰 상용화할 수 있는 어플로 개발하려면 좀 더 기간을 늘려 잡아야 한다. 전 세계의 유능한 개발 인력들과 경쟁하는 실제 마켓에 내놓을 수 있을 정도의 어플을 개발하려면 많은 심혈을 기울여야 하기 때문이다.

자신이 직접 어플을 개발해 보려면 충분한 시간을 갖고 많은 연습을 통해 다양한 경험을 해 보기 바란다. 짧은 시간 안에 상용화까지 도달하려면 주변의 도움(개발 교육, 개발 대행)을 받는 것도 좋을 것이다.

안드로이드 개발 교육 과정 집중 분석

안드로이드 어플을 직접 개발하고 싶다면 교육 기관의 문을 두드려 보자. 2010년의 검색 키워드를 조사해 보면 스마트폰 교육이 급격히 늘어난 것을 알 수 있다.

그럼 어플 개발 교육 기관과 과정, 그리고 어느 정도 배우면 직접 개발이 가능한지 한번 알아보자.

■ 어플 개발 교육 기관

강남/이대/종로 campus 중앙정보처리학원 중앙 Digitalist

- 교육 기관명 : 중앙정보처리학원
- 교육 과정 : 구글 안드로이드 프로그래밍
- 교육 기간 : 2개월
- 교육 일정 : 월 18일 교육/일 3시간 교육(1개월 기준)
- 교육 인원 : 20명 정원
- 교육비 : 환급액에 따라 틀리지만 40만~60만 원선
- 교육 과목 : 1개월차

- 교육 안내 : www.zoongang.co.kr

삼성SDS 멀티캠퍼스

- 교육 기관명 : 삼성 SDS 멀티캠퍼스
- 교육 과정 : 안드로이드 개발자를 위한 Java(야간)
- 교육 기간 : 9일(27시간)
- 교육 일정 : 월, 화, 목 3일씩 3주간(오후 7시~10시)
- 교육 인원 : 20명~35명
- 교육비 : 65만 원(환급액은 대략 10만 원선)
- 교육 툴 : 안드로이드 SDK
- 교육 안내 : www.multicampus.co.kr

- 교육 기관명 : 아이티뱅크학원
- 교육 과정 : 안드로이드를 위한 Java, SDK
- 교육 기간 : 4주(실습 80%, 이론 20%), 총 60시간
- 교육 일정 : 평일반, 주말반(오전 오후 모두 가능)
- 교육 인원 : 15명~20명

- 교육비 : 수강료는 이메일을 통한 개별 통보
- 교육 안내 : www.itbankac.net

국제인재능력개발원
Global Human Resource Development Institute.

- 교육 기관명 : 국제인재능력개발원
- 교육 과정 : 안드로이드 기반 Java, 무선 인터넷 콘텐츠 제작 전문가 양성
- 교육 기간 : 6개월
- 교육 일정 : 전문 교육 4개월＋기업 연수 2개월
- 교육인원 : 30명
- 교육비 : 무료, 매월 수당 지급 30만 원
- 교육 대상 : 이공계 대졸 미취업자(전문대·대학원 졸업생 포함), 만 32세 미만(1978년 1월 1일 이후 출생자)
- 교육 안내 : www.kukjae.or.kr

이 밖에도 여러 교육 기관이 있다. 매달 교육 과정이 고지되고 있으니 잘 살펴본 후 자신에게 맞는 곳을 찾으면 된다.

■ 직접 개발에 필요한 교육 기간

교육을 받아서 직접 어플을 개발하려면 이전에 전혀 해 보지 않은 사람은 약 6개월 정도의 기초 훈련이 필요할 것으로 보인다. 개발을 해 본 경험이 있는 사람은 약 2개월 정도 JAVA 및 안드로이드 SDK 활용 교육이 필요하다.

간혹 열정만 갖고 무작정 개발에 도전하는 사람들을 주변에서 흔히 볼 수 있는데, 개발에 직접 도전했다가 2개월 이내에 포기하는 사람은 거의 절반도 넘는다.

어떤 사람들은 "중도에서 포기하기는 했지만 개발을 이해하는 과정에 도움이 되었고, 이후에 기획하는 데에도 도움이 될 것이다."라고 위안을 삼기도 한다.

그러나 심도 깊은 개발 과정이 기획에 큰 도움은 되지 못한다는 것을 염두에 두기를 바란다. 기획자에게는 오히려 다른 사람들이 개발해 놓은 어플리케이션을 많이 이용해 보는 것이 더 도움이 되니 직접 개발은 신중에 신중을 기하기 바란다.

어플 개발 대행사를 활용하려면

개발 대행 비용과 기간

개발 대행사에 의뢰하여 안드로이드 어플 한 개를 개발하는 데 비용은 얼마쯤 들어갈까? 정말 많은 사람들이 궁금해 하는 부분이다. 하지만 딱 잘라 얼마라고 말해 줄 수 있는 사람은 아무도 없을 것이다. 왜냐하면 비용은 기획한 어플이 어떤 내용이냐에 따라 달라지기 때문이다.

그래도 사람들은 대략적인 금액이라도 알려 달라고 요구하는데, 그러면 궁금증이나 해소하라고 정말 대략의 금액만 알려줄 것이다. 예를 들면 다음과 같다.

• 단순형 : 간단한 회사 소개, 브랜드 소개 등 웹 DB와 연동하지 않고 개발하는 단순 탑재형. 비용은 약 300만

원선. 개발 기간 2주 정도.

- 복잡형 : 쇼핑몰이나 기존 운영 중인 인터넷 사이트와의 연동 어플, 간단한 게임 등. 비용은 약 500만 원선. 개발 기간 1개월 이내.
- 머리 아픈 형 : 전략적 어플로 프로 야구 예매라든지, 단계가 많은 게임, 증강 현실 등을 활용한 마케팅 어플 등 머리를 많이 써야 하는 어플. 비용은 최하 1천만 원에서 출발. 개발 기간 2개월 이상.

위의 3가지 형태는 대략 요약한 것으로 사실 최종적으로 본인의 '스토리 보드'가 나와야 가격이 결정된다.

그리고 다음에 소개하는 개발 대행사들마다 가격은 천차만별이므로 위의 가격은 한 업체의 표준 가격만 예시한 것이다(앱메이커 기준).

한국에 있는 안드로이드 어플 개발 대행사

■ 위너스랩(wcontents.com)

모바일 8년차인 전문가 집단이다. 기획자를 위해 직접 컨설팅 및 개발 방향 제시, 개발 대행 등을 진행하고 있다.

매주 기획자들을 위한 다양한 교육들이 있으니 홈페이지를 참고하면 도움이 많이 된다.

■ 에이트미디어(ait-media.com)

플래시를 기반으로 하는 모바일 개발을 전문으로 한다. 주로 게임 분야 개발이 강점이다.

■ 포비커(fobikr.com)

아이폰용 은행 어플리케이션을 만든 업체로 기술력을 인정받았으며, 최근 들어 안드로이드 개발 대행으로까지 확장하고 있다.

■ 스마트밸리(smart-valleys.com)

안드로이드나 아이폰 관계없이 개발 대행을 하며, 2010년 초반까지 개발한 실적은 '친인척 호칭법' 등을 포함해 7개 어플이 있다.

■ 앱메이커(appmaker.co.kr)

솔루션을 활용해 어플을 직접 만들어 보는 방식을 채택하고 있다. 초보자들도 가벼운 어플을 만들어 보고 싶다면

이 사이트를 활용해도 좋을 것이다. 단, 2010년 7월 초부터 일반인들에게 이 솔루션을 개방한다고 한다.

■ 한동엘앤씨(hdlnc.com)

전에는 XML, 모바일 UI 엔진 등을 개발하는 데 주력했으나, 현재는 주로 어플 개발 대행을 하고 있다.

■ 티엠지모바일(tmgmobile.com)

강원도에 있는 유일한 개발 대행사로, 춘천에 있다. 현재 안드로이드와 아이폰 등의 어플 개발 대행에 집중하고 있는 신생 업체이다.

기획은 개발의
전체 흐름 잡기부터

어플 개발은 홈페이지 개발과 다르다

최근 안드로이드 상담을 하다 보면, 머릿속에 이러저러한 아이디어는 많은데 어떻게 시작해야 할지 모르겠다는 분들이 많다. 간단한 게임을 하나 만들려고 해도 무엇부터 해야 할지 모르겠다는 것이다. 그 근본 원인은 개발의 전체 흐름을 이해하지 못하는 데서 기인한다.

인터넷이 확산된 지 많은 세월이 지나면서 홈페이지 제작은 웬만큼 관련 사업에 종사하는 분들이면 그 흐름을 이해하고 있다.

가령 인터넷 쇼핑몰을 하나 만들어서 가방을 팔고 싶어 하는 사람이 있다고 치자. 대부분 개발 인력과 디자이너가 없기 때문에 홈페이지를 만들려면 외부에 의뢰하는 경우가 많다.

이때 첫 번째 단계가 검색 창에서 '홈페이지 제작' 또는 '홈페이지 구축'이라는 단어로 검색하는 것이다. 그러면 수도 없이 많은 홈페이지 구축 업체들이 나올 것이고, 거기서 한 곳을 선정해 사이트에 들어가 보면 홈페이지 제작 안내부터 제작 방법들이 나온다.

그중에서 가격이 맞는 곳 한 군데를 선정하면 이후 홈페이지 제작은 일사천리로 진행된다. 워낙 쇼핑몰 구축 솔루션들이 잘 만들어져 있어 가격도 저렴한 곳이 많다.

솔루션으로 구축하든 외주를 주어서 직접 구축하든 본인은 판매할 가방의 제품 사진과 설명, 그리고 가격만 정해서 갖고 있으면 되고 사이트가 구축되면 판매를 개시하면 된다.

여기에 비해 안드로이드 어플 개발은 막연하다. 왜냐하면 전 세계를 대상으로 하는데다 홈페이지와 달리 위치 정보 활용, 증강 현실(사용자가 눈으로 보는 현실 세계에 가상 물체를 겹쳐 보여 주는 기술), 나침반 기능, 더블터치, 가로 세로 화면 등 생소한 단어들이 너무 많고 그 기능들을 모두 이해하기는 전문가들조차 힘들기 때문이다.

가방 쇼핑몰을 안드로이드폰에 올리려고 해도 여기에

위치 정보를 활용해야 하는지, 조그마한 화면에 가방 사진
과 설명을 어떻게 최적화시켜야 하는지, 결제는 어떻게 해
야 하는지 막히지 않는 것이 없을 것이다.

그렇다고 딱 부러지게 설명해 놓은 책 한 권도 없다. 필
자도 예전에 그런 경험을 한 적이 있기에 그 마음을 이해
할 수 있다.

이전보다 간단해진 개발 언어

2000년대 초반에 필자는 국내 5개 이동통신사(지금은 3
개 이동통신사이지만 당시에는 SK텔레콤, 한통프리텔, 신세기
이동통신, 한솔텔레콤, LG텔레콤이 있었음)에 콘텐츠를 제공
하는 사업을 하고 싶어서 이리저리 뛰어다녔다.

그런데 각 이동통신사별로 개발 언어가 달랐다. 3개 이
동통신사로 통합된 것을 기준으로 보아도 SK텔레콤은
WML이라는 WAP을 사용했고, KTF는 ME라는 언어를,
LG텔레콤은 같은 WAP이지만 약간 변형된 WAP을 사용
하고 있었다.

각 이동통신사별로 각각 다른 언어로 만들어서 제공해
야 하는 어려움은 이루 말할 수 없었다. 전문가 구하기도

하늘의 별따기였다. 단순히 이것으로 끝난 것이 아니다. 새로운 기종의 휴대폰이 나올 때마다 SK텔레콤은 GVM폰, SK-VM, KTF는 KUN, LGT는 Java 등, 한마디로 모든 것을 이동통신사에 맞춰야 했다.

휴대폰 크기도 어떤 것은 4줄짜리 휴대폰, 어떤 것은 8줄짜리 휴대폰, 어떤 것은 10줄짜리 휴대폰 등으로 달라졌고, 그래픽도 수십 종에 맞춰서 설계해야 했다.

필자 회사에는 SKT 담당자, KTF 담당자, LGT 담당자가 따로 있어야 할 정도였다. 그런데 최근에는 아이폰이냐 안드로이드폰이냐만 결정하면 되므로 사실 예전에 비해 어플리케이션을 제공하는 사람들이 너무 편해졌다.

뭐든지 쉬운 것은 없겠지만 아이폰은 아이폰 하나에만 맞추면 전 세계적으로 서비스가 가능하고, 안드로이드폰도 거의 모든 기종의 그래픽 크기가 비슷하다.

또한 같은 OS를 쓰고 있기 때문에 기획자들이 각 이동통신사별로 별도 기획을 할 필요 없이 한 가지 기획만 하면 모두 구현이 가능하다.

아이디어는 어플 기획의 첫 단계

어플 하나를 제작하려면 '기획(아이디어 차원) → 스토리 보드 작성 → 개발 계획 수립(직접 또는 대행) → 테스트 → 등록'의 절차를 거치게 된다.

먼저 기획(아이디어 차원)은 공부한다고 되는 것이 아니라 본인이 휴대폰에 이런 것이 제공되었으면 좋겠다는 발상의 차원이므로 특별히 배울 것은 없다.

휴대폰에 부동산 정보를 제공할 것인지, 낚시 정보를 제공할 것인지, 게임을 제공할 것인지, 맛집 정보를 제공할 것인지 등은 직접 스마트폰을 사용하다 보면 많은 아이디어들이 떠오르게 된다. 본인이 이런 어플이 있었으면 좋겠다고 생각하는 것이 바로 기획의 첫 단계이다.

아이디어를 개발 가능한 기획 차원으로 끌어올려 본격적으로 제작에 들어가려면 우선 어플에 관한 설계도를 그려야 한다. 본인이 직접 비용을 들여 개발하든 다른 개발자에게 의뢰하든, 개발 의도와 전개 방식을 한눈에 볼 수 있도록 문서화하는 것이 필요한 것이다.

이렇게 작성한 문서를 스토리 보드라고 한다. 스토리 보드 작성과 여러 가지 어플 제작 방법에 대해서는 step 6에서 다루도록 하겠다.

잘 만든 어플,
어떻게 홍보할까

어플을 기획할 때에는 어떻게 홍보할 것인지 미리 생각해 두는 것도 중요하다. 아무리 잘 만든 어플도 제대로 알려지지 않으면 이용자의 손에 닿을 수 없기 때문이다.

안드로이드, 스마트폰 커뮤니티에 알리기

안드로이드 이용자 또는 기획자들이 많이 이용하는 안드로이드 커뮤니티 사이트들이 있다. 이 사이트들을 적극 활용하여 게시판에 글을 남기거나 어플을 추천한다.

• 안드로이드 커뮤니티 회원 가입자 수 순위
1. 안드로이드펌 : 1일 평균 방문자 약 6,000명

2. 안드로이드사이드 : 1일 평균 방문자 약 3,000명

3. 코리아안드로이드 : 1일 평균 방문자 약 2,000명

위의 순위에는 안드로이드에 전문적 관심을 가진 커뮤니티만 소개되었다. 그러나 스마트폰 전체에 관심이 많은 사이트도 참고하기 바란다.

• 스마트폰 커뮤니티 회원 가입자 수 순위

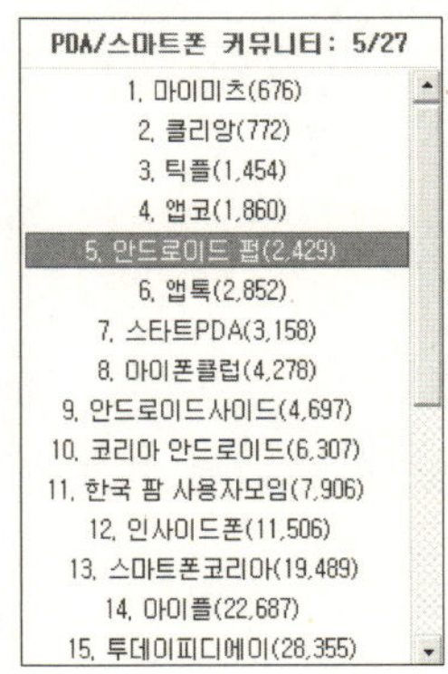

이런 커뮤니티들은 안드로이드폰 또는 스마트폰 이용자들이 들어와서 어플에 대한 리뷰도 달고, 추천도 하는 사이트로 방문자들이 많아서 효과를 볼 수 있다.

추천 어플이나 자유 게시판, 리뷰 등의 게시판에 자신의

어플에 관한 글들을 올리면 된다.

인터넷 홈페이지에서 알리기

자신 또는 지인이 운영하는 인터넷 사이트에 직접 홍보하는 것도 좋은 방법이다. 홈페이지에 어플 스크린샷을 올려 알리도록 한다.

사진 : 네오위즈벅스

안드로이드 관련 카페에 알리기

카페에 가입하여 글쓰기 등의 활동을 통해 홍보한다. 여러 카페에 가입하면 대부분의 카페에서 회원이 만든 어플

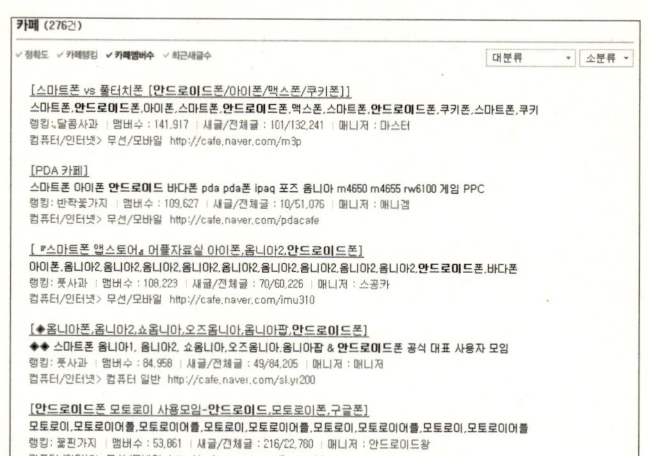

'안드로이드' 키워드로 검색한 네이버 카페 화면

에 대해 '자랑하기'를 허가해 준다.

참고로, 아주 유명한 해외 구글 개발자 커뮤니티를 소개하겠다. 사이트 주소는 http://developer.android.com 이다.

세계의 많은 안드로이드 개발자들이 서로 의견 교환이나 막히는 부분을 공유하기 때문에 글로벌한 수준의 질문과 답변이 가능하다. 비록 영어 자료라 보는 데 조금 더 시간이 걸리긴 하겠지만 괜찮은 내용들이 많으니 꼭 둘러보기 바란다.

Seven Days Master Series

step 6

스토리 보드
작성과
어플 제작

스토리 보드는
어플의 설계도면

왜 스토리 보드를 만들어야 할까

이제 아이디어 차원으로 떠올린 기획을 스토리 보드로 만들어 보자. 그럼 스토리 보드는 왜 만들어야 할까?

건축물을 지을 때 가장 먼저 하는 것이 조감도와 설계도면 작성이다. 이 설계도면에 따라 기술자들은 건물을 지으면 되는 것이다. 설계도면은 건물을 짓기 위한 가장 기초이자 이후에 모든 뼈대가 되는 것이다. 어플을 개발할 때에도 설계도면, 즉 스토리 보드가 필요하다.

스토리 보드의 장점

스토리 보드 작성은 본인이 머릿속에 그린 것을 그대로

문서로 옮기는 일이다. 그것은 기술이 아니라 노력일 뿐이다. 그러면 스토리 보드의 장점을 살펴보자.

1. 내가 만들려는 어플을 한눈에 볼 수 있기 때문에 머리로 생각할 때보다 훨씬 더 정확하게 보이며, 수정 및 추가 보완할 것들이 눈에 들어온다.

2. 개발하려는 어플의 기초가 모두 들어가 있기 때문에 주변 지인이나 전문가에게 보여 이 어플이 상업성이 있는지 없는지 논의할 수 있고, 이것저것 기능을 추가하면 훨씬 더 인기 많은 어플이 될 것이라는 자문도 구할 수 있다.

3. 또한 본인이 직접 비용을 들여 개발하지 않을 경우 누군가 대신 만들어 준다면 수익 배분을 어떻게 할 것인지 결정이 필요하다. 이때 중요한 토론 자료가 되며, 투자를 받더라도 핵심 근거 자료가 된다.

4. 개발자와 디자이너에게 한눈에 보이는 설계도면을 주었기 때문에 개발자들은 스토리 보드를 기초로 삼아 모든 작업을 진행한다.

스토리 보드 작성 :
게임 어플 예제(1)

자, 지금부터 단순한 게임 어플 스토리 보드를 한번 작성해 보자.

게임 설명

1. 게임명 : 두뇌 게임 WON V1.0

2. 게임 설명 : 새로 추가된 원을 찾아라

3. 간단한 두뇌 게임(중독성 있음)

4. 전 연령층 활용 가능

5. 공간적 위치 감각과 기억력 훈련(테스트)

6. 노년층에게는 치매 방지로 특효가 있다는 연구 결과 있음

먼저 간단하게 본인이 만들려고 하는 게임의 제목(게임명)과 간단한 설명을 정리한다.

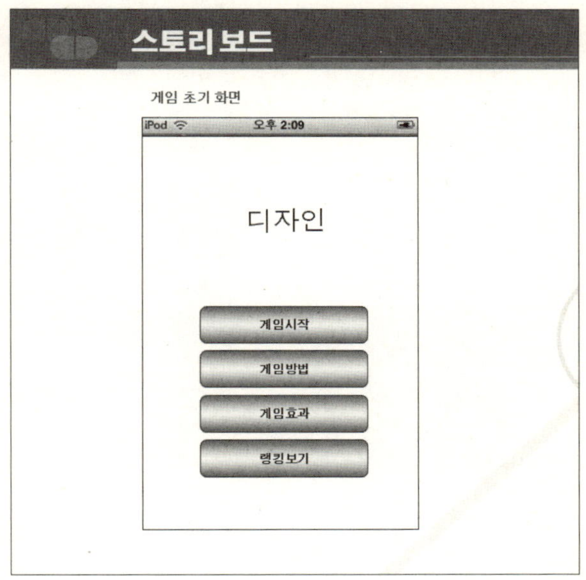

　일단 초기 화면을 구상한다. '디자인'이라고 표현한 부분은 개발자에게 넘길 때 화면을 디자인해 달라는 말이다. 그리고 스토리 보드는 각 화면마다 개발자나 디자이너가 알아볼 수 있도록 설명을 꼭 달아 주어야 한다. 설명은 화면 옆이든 아래든 어디든지 언급해 놓으면 된다.

■ 개발 관련 설명

－디자인은 원을 써서 해 주세요. 둥글게 둥글게.

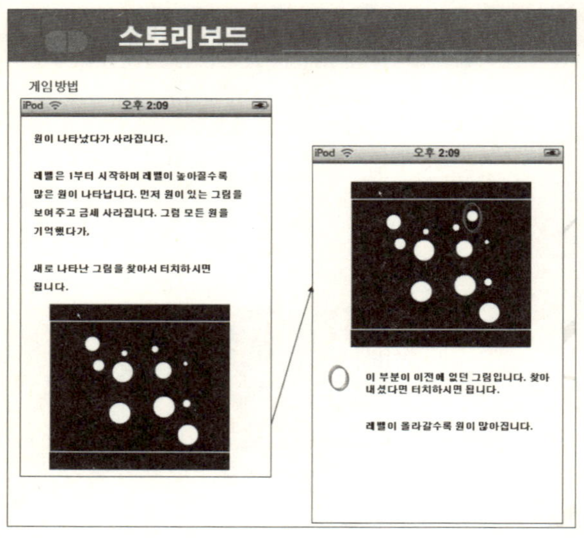

■ 개발 관련 설명

− 초기 화면에 있는 '게임 방법'에 들어갈 내용입니다.

− 어플 개발 시 탑재해 주세요.

* 탑재형 어플과 웹 연동형 어플

탑재형은 어플을 만들 때부터 아예 어플에 넣어 버리는 것으로, 이후에 수정하려면 어플을 고쳐서 심사 승인을 새로 받아야 한다. 반대로 웹 연동형은 인터넷을 통해 자료를 끌어오는 것이다. 수시로 자료가 바뀌어야 하는 콘텐츠는 이 방식을 쓴다. 이 방식은 바뀔 때마다 새로운 심사를 받을 필요가 없다. 탑재형은 내용이 전혀 바뀌지 않을 것 같을 때 사용하고, 웹 연동형은 자료가 바뀔 가능성이 있을 때 사용한다. 언론사의 뉴스 어플은 모두 웹 연동형이다.

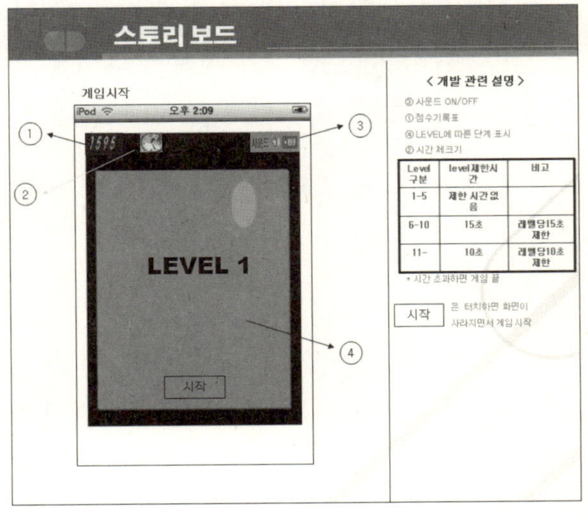

Level 구분	level제한시간	비고
1-5	제한 시간없음	
6-10	15초	레벨당15초 제한
11-	10초	레벨당10초 제한

'게임 시작'을 누르면 나오면 화면을 설명한 것이다.

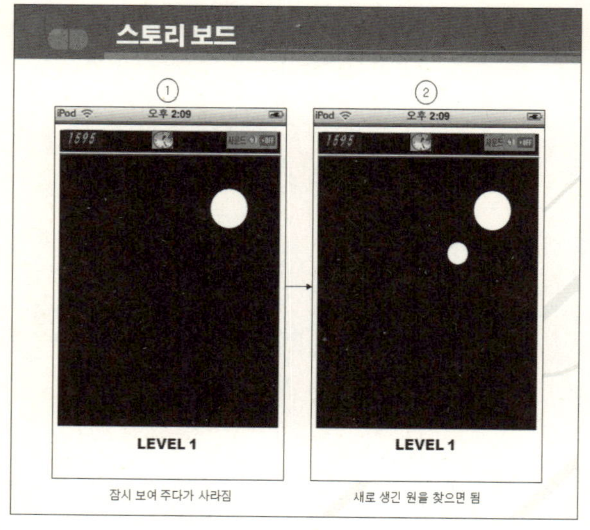

■ 개발 관련 설명

- 원의 위치는 랜덤하게 나오도록 해 주세요.

- 그림 ①이 잠시 나타났다가 1초 후에 사라지고 그림 ②
가 나타납니다.

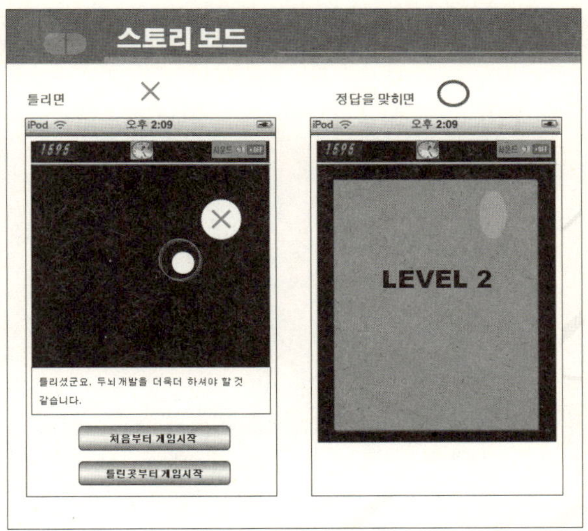

■ 개발 관련 설명

－이용자가 정답을 맞히면 다음 레벨로 갑니다(맞히면 경쾌

하고 맑은 소리 효과 줌).

－이용자가 틀리면 정답을 안내해 주고 게임 오버됩니다

(틀리면 '삐' 소리가 나면서 정답을 아래 화면에 안내해 줌).

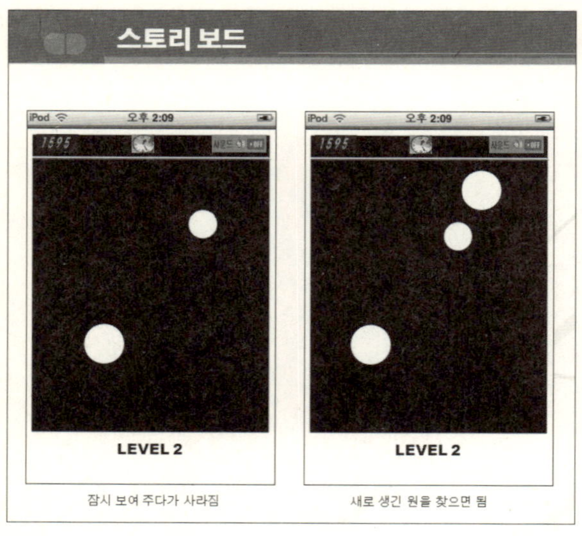

■ 개발 관련 설명

− 레벨이 한 단계 올라갈수록 원을 1개씩 추가해 주세요.

− 원의 크기는 최대 지름 3cm, 최소 지름 0.2cm 중에서 랜덤하게 나오면 됩니다.

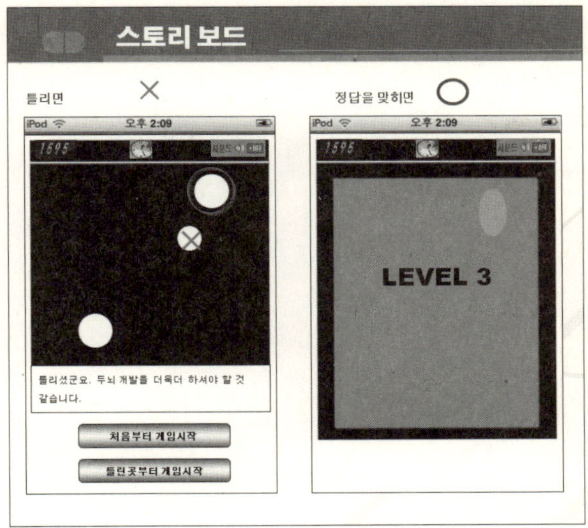

■ 개발 관련 설명

−계속 이런 식으로 반복되며 레벨의 끝은 없습니다.

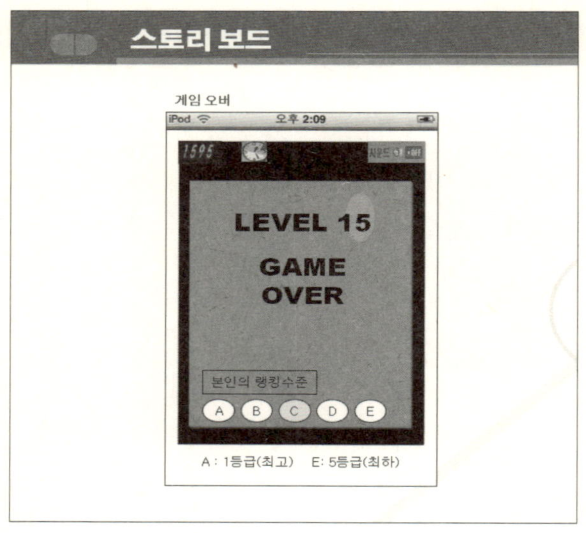

■ 개발 관련 설명

－본인의 랭킹 수준은

레벨 5 이하 : E, 레벨 10 이하 : D, 레벨 15 이하 : C,

레벨 20 이하 : B, 레벨 21 이상 : A

－다음에 게임을 버전업할 때는 이용자끼리 네트워크에서

게임도 벌일 예정입니다. 참고로 알아 두시면 되고요.

－랭킹도 네트워크를 통해 본인의 수준이 어느 정도인지

다른 이용자와 비교하여 체크해 줄 예정입니다.

이상과 같이 스토리 보드는 본인이 생각한 것을 그대로 종이에 옮긴 것으로 개발 견적 산출, 개발 일정, 개발 방식 논의 등 여러모로 사용하게 된다.

스토리 보드는 예쁘게 만들려고 노력할 필요는 없다. 자신의 아이디어만 잘 전달할 수 있으면 된다.

스토리 보드 작성 :
게임 어플 예제(2)

그럼 간단한 스토리 보드를 하나만 더 작성해 보겠다.
만들려고 하는 어플은 '당구 게임'이라고 하자.

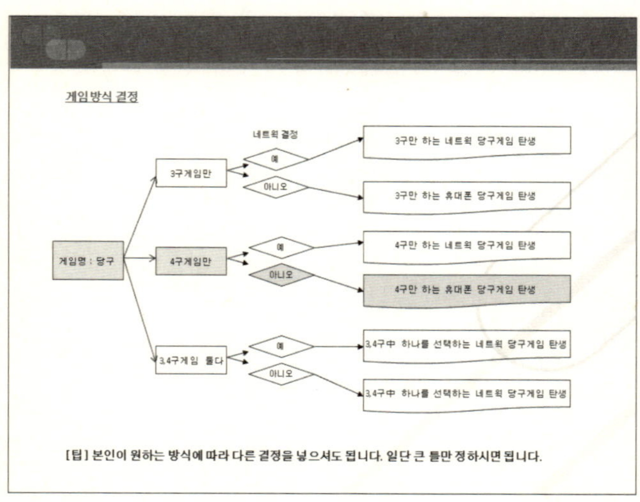

당구 게임을 하려면 '3구 게임'을 할 것인지 '4구 게임'을 할 것인지를 정해야 하고, 게임을 혼자 할 것인지 네트워크를 통해 여럿이 할 것인지를 정해야 한다.

그것이 게임 방식을 정하는 순서도를 만드는 과정으로, 방식은 본인이 결정하면 된다.

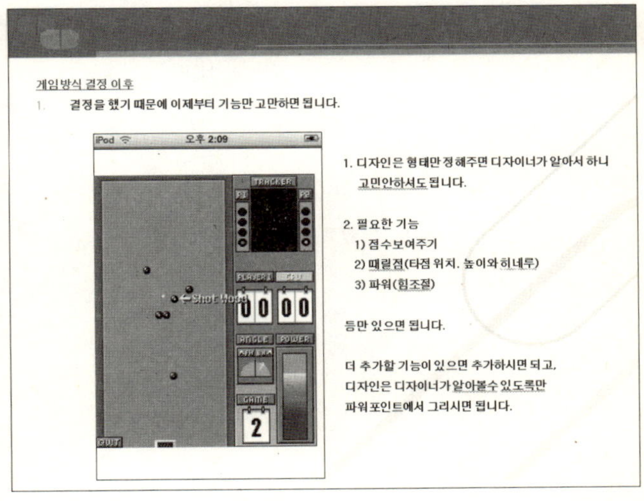

게임 방식을 정했으면 이제부터 기능만 고민하면 된다.

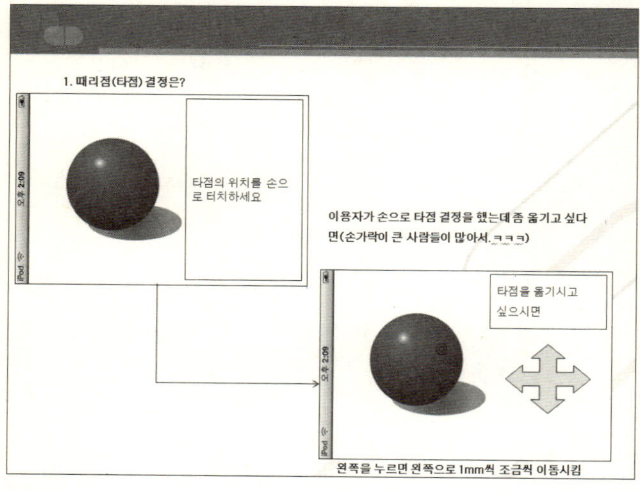

　　당구를 칠 때 '타점'의 위치를 손으로 터치하는데, 사람 손가락이 크다 보니 정확한 위치를 찍기가 힘들 수 있으므로 손으로 찍은 것을 화살표를 통해 조금씩 옮기는 것도 가능하게 기획해 본 것이다.

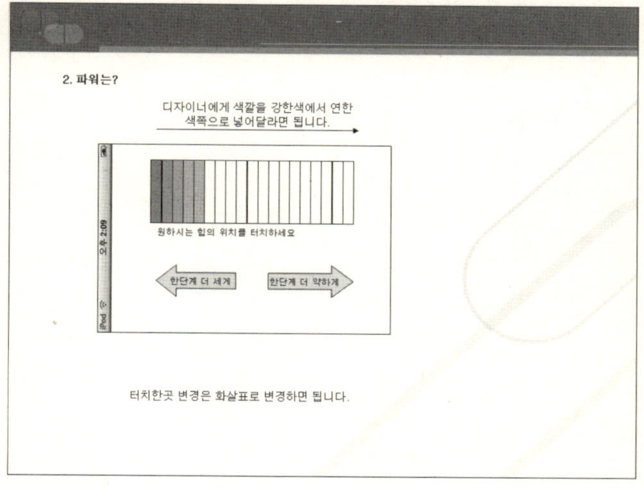

당구를 칠 때 가장 중요한 것이 힘 조절이므로 힘을 어느 정도 줄 것인가를 결정하는 화면이다.

스토리 보드는 이런 순서로 만들면 되고 어떤 기획이든지 문서로 스토리 보드를 만들어 보면 수정 또는 추가할 것이 훤히 보이게 된다.

스토리 보드로 내부 개발팀 또는 외부 개발 대행사와 논의를 하면 개발 일정과 견적이 쉽게 산출되며, 그에 따른 최종 결정만 하면 어플이 하나 탄생하는 것이다.

멀티미디어 어플
만들기

제작 툴 다운받기

국내 이동통신사 중 SKT에서는 어플 제작 툴인 '멀티미디어 저작 도구'를 제공하고 있다. 이 툴은 무료로 배포하고 있으므로 누구나 쉽게 다운받을 수 있으며, 직접 제작해 보면 생각보다 어렵지 않게 어플을 만들 수 있다.

이 툴을 다운받을 때 회원 가입을 받는데 일반회원으로 가입할지 판매회원으로 가입할지 물어본다. 이때 판매회원으로 등록해 놓으면 이후에 어플을 판매할 수 있다.

T스토어 멀티미디어 저작 도구 제공 사이트(http://dev.

tstore.co.kr/devpoc/download/downloadMulti.omp?ctgrCd=multi)

에 접속하여 다운받을 수 있고 곧바로 설치가 가능하다.

윈도 2000/XP/Vistar 이상의 환경이면 어떤 PC에도 설

치할 수 있다.

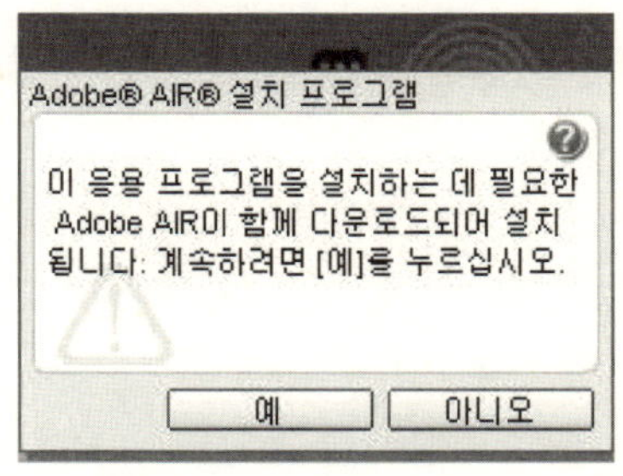

설치하겠느냐고 물어보면 '예'를 누르고 절차에 따르면

된다. 설치가 완료되면 바탕화면에 다음과 같은 아이콘이

생긴다.

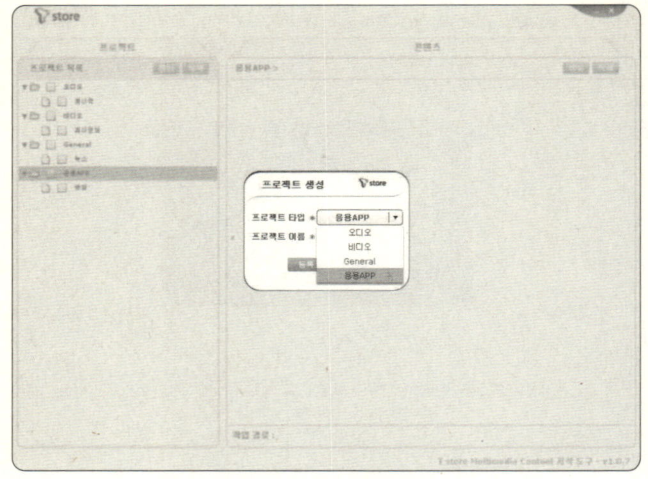

멀티미디어 저작 도구의 프로젝트 생성 화면

아이콘을 클릭하여 멀티미디어 저작 도구를 실행시키면 여러 가지 스마트폰에 지원이 가능한 비디오(동영상), 오디오(음향) 파일 등의 멀티미디어 파일들을 만들 수 있다. 여기서 만든 파일을 어플에 등록할 경우 즉시 재생이 가능하다. 사진이나 만화, 화보집도 제작할 수 있다.

오디오 파일 만들기

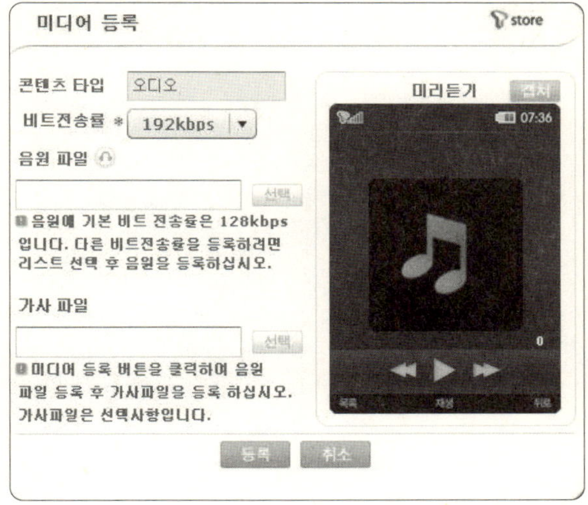

음원 파일은 MP3로 가져오면 된다. 가사 파일은 선택 사항이라 가져오지 않아도 무방하나 가사 파일을 꼭 넣고 싶을 경우에는 등록하면 된다.

동영상 파일 만들기

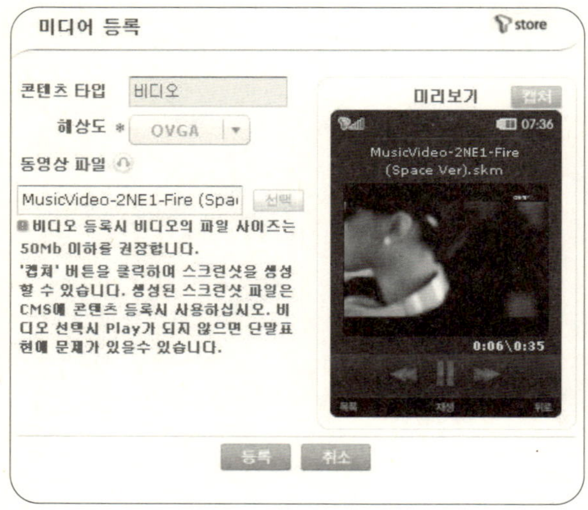

동영상은 파일 한 개의 용량 크기를 50MB 이하로 사용해야 한다. 이 용량을 넘을 경우 재생이 안 되는 것은 아니지만 에러가 날 확률이 높다.

동영상 확장자명은 *.skm을 사용하면 된다. skm은 휴대폰에서 지원하는 동영상 파일로, mp4나 avi 등 각종 동영상 파일을 skm으로 변환하는 툴은 네이버에서 'skm'을 검색해 보면 쉽게 찾을 수 있다.

만든 동영상을 '미리 보기' 하면 다음과 같이 나온다.

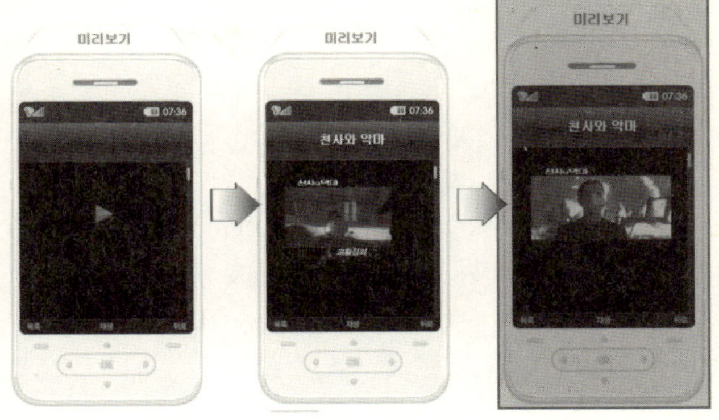

일반 저작물 만들기

가령 병원의 어플을 하나 만든다고 가정하면, 우선 구현하고자 하는 어플의 진행 방식을 설계해야 한다.

다음에 나오는 그림은 이해를 돕기 위해 실전처럼 꾸며 본 것이다. '초기 화면'에서 아무 메뉴나 선택하면 '리스트'가 나오고, 그중에서 1개를 클릭하면 '상세 콘텐츠'가 나오도록 하는 방식이다.

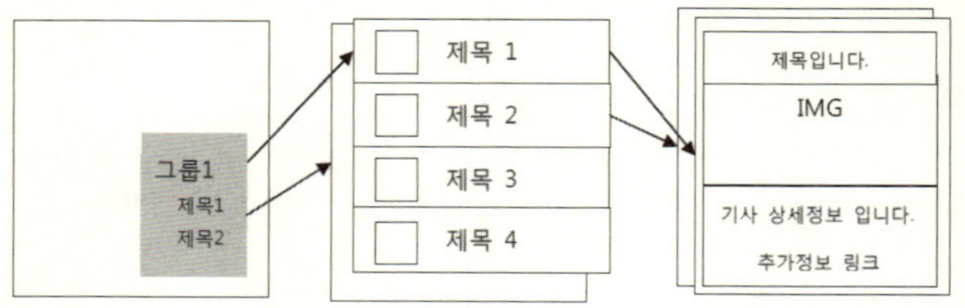

위 그림을 기초로 저작 툴을 이용하면 다음과 같은 어플들을 만들어 낼 수 있다.

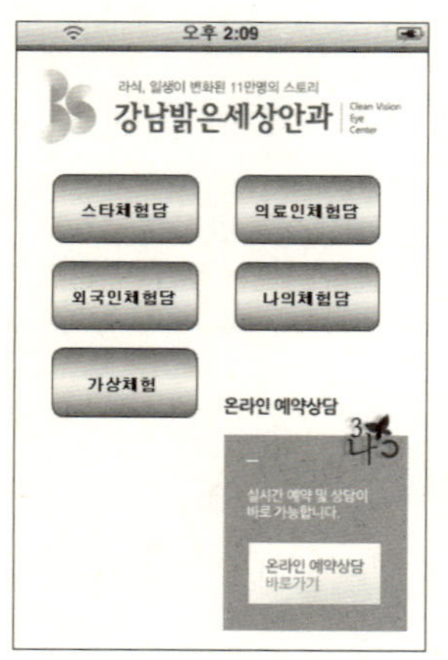

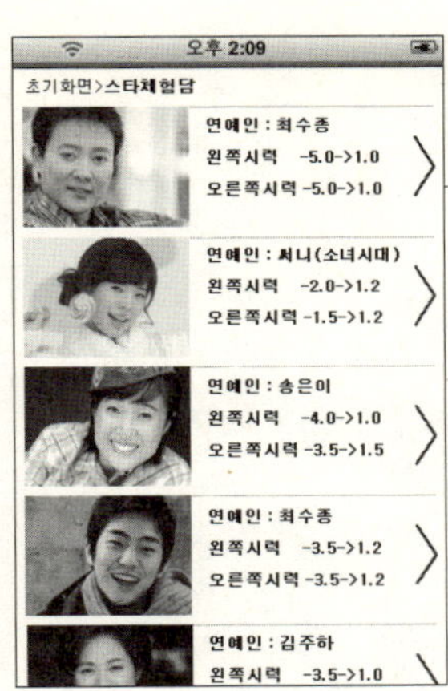

수술 전 서약서를 읽으며.. 아직 어떤 환경에서 어떤 수술이 어떻게 진행될지 상상이 가지 않아서 그런지 아직은 떨리지도 않고 덤덤하네요. 렌즈를 고등학교 3학년,초등학교 2학년 때부터 안경을 끼기 시작했는데 공부할 때는 몰랐는데 사회 생활을 하다보니 불편한 것이 한 두 가지가 아니에요.

특히 저는 야외촬영 때 불편함이란 이루 말할 수 없죠. 가끔 신문상에 "최수종 각막 이상"이라는 타이틀이 걸릴 만큼 그 동안 관리를 못했어요. 겨울이 본격적으로 시작되기전 약 한 달 정도 쉬는 기간을 갖고 있는데, 작년 여름에 검사를 받고 나서 이번엔 꼭 해야겠다는 결심이 섰어요. 주변에서 이미 라식 수술을 한 사람도 많고 생각하고 있는 사람도 많은데 막상 제가 한다고 하니까 큰 결심이 필요하더라고요. 부작용이나 문제점 그런 것들에 대해 생각하기 시작하니 한도 끝도 없고 해서 여러 군데 자문을

Seven Days Master Series

step 7

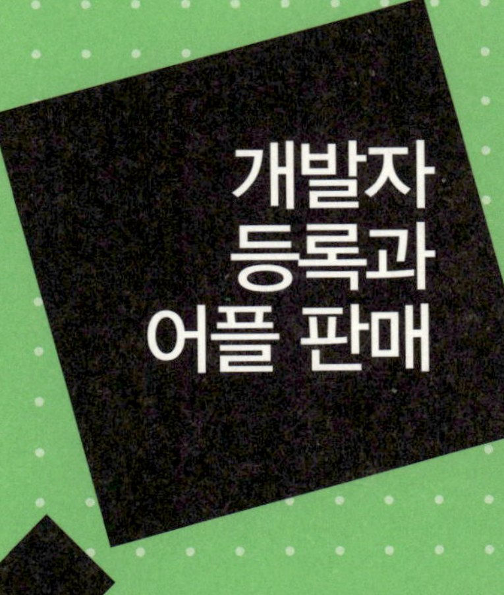

안드로이드 어플의
유통 과정

안드로이드 어플 유통은 왜 복잡한가

아이폰과 비교하여 안드로이드의 유통은 많은 사람에게 혼란을 주고 있다. 왜냐하면 아이폰은 어플을 개발하여 앱스토어에 등록하면 바로 유통이 시작되지만, 안드로이드는 유통이 좀 복잡하다. 그러면 안드로이드의 유통 경로가 어떻게 구성되어 있는지 살펴보도록 하자.

1) 제조, 유통, 마켓의 다중 구조

첫째, 안드로이드는 아이폰과 마찬가지로 '안드로이드 마켓'을 갖고 있다. 그런데 왜 유통이 복잡하다는 것일까?

그것은 아이폰과 판매 절차가 다르기 때문이다. 아이폰은 애플이 직접 설계해서 제작했다. OS와 앱스토어도 직접 만든 것이고 유통도 직접하고 있다.

반면 안드로이드는 OS만 구글에서 만들었을 뿐 휴대폰의 제조 사양과 유통에 관해서는 각 나라의 이동통신사들이 결정한다.

가령 LG전자가 '안드로-1'에 안드로이드 OS를 까는 것을 결정하는 것은 LG전자이다. 이 기종을 시장에 내놓고 판매하는 것은 KT가 될 수도 있고, SKT나 LGT가 될 수도 있다. 결국 제조는 제조사가, 유통은 이동통신사가, 마켓은 구글이 운영하는 것이다.

2) 폐쇄적인 구글 결제 방식과 복잡한 국내 어플 시장

이 상태에서 전 세계를 커버하는 단일한 마켓(안드로이드 마켓)을 운영할 때 여러 가지 문제점이 발생한다.

가령 한국의 SKT 가입자들이 안드로이드 마켓을 이용하려고 하면 '구글 체크아웃'이라는 결제 방식을 통해 구글의 계정을 가져야 한다. 결제 대상자도 한국의 이동통신사가 아닌 구글이 되며, 어플 판매자도 구글을 통해 판매된 금액을 입금 받는다.

그런데 SKT에서 이미 운영하고 있는 'T스토어'에서도 어플을 판매하고 있다. SKT 입장에서는 이왕이면 자사의 가입자가 자사의 오픈 마켓(T스토어)에서 어플을 구매하기를 바란다. 그러나 아직 T스토어에는 어플이 많이 올라와 있지 않기 때문에 할 수 없이 안드로이드 마켓을 이용할 수밖에 없는 것이다.

결국 어플을 개발한 사람은 안드로이드 마켓에도 등록해야 하고, SKT 가입자들을 위해 'T스토어'에도 등록해야 하고, KT 가입자를 위해 'SHOW스토어'에도 등록해야 하고, LG텔레콤 가입자를 위해 'OZ스토어'에도 등록해야 한다.

국내 이동통신 3사 '연합 스토어' 구축 합의

이동통신사가 안드로이드폰을 많이 팔기 위해서는 안드로이드 마켓도 활성화시켜야 한다. 그리고 아직은 콘텐츠가 턱없이 부족하지만 자신들의 오픈 마켓도 키워야 한다.

두 마리 토끼를 잡기 위해 이동통신사들은 심각한 고민에 빠져 있다. 물론 궁극적으로 자신들의 오픈 마켓이 충분히 자리 잡을 정도가 되면 더할 나위 없이 좋다. 힘들게 외국의 오픈 마켓을 밀지 않아도 되기 때문이다.

SKT가 T스토어 활성화를 위해 개발자들에게 100억 원을 지원하겠다고 하는 것도 결국은 안드로이드 마켓을 키우기 위해서가 아니라 T스토어를 키우기 위해서다.

이동통신사들의 고민은 여러 가지 형태로 나타나고 있다. 최근에는 이동통신 3사가 모여 '연합 스토어'를 구축하기로 합의했다. 이동통신사들이 각자 오픈 마켓을 키우기에는 구글이나 애플 같은 공룡 기업과 맞서기가 힘들다고 판단한 것이다.

이동통신사들의 이러한 고민은 사실 인터넷 이전 시절부터 시작되었다. 이해를 돕기 위해 잠시 1997년으로 돌아가 보자.

월드와이드웹 초기의 교훈

1990년 중반 월드와이드웹(www)이 국내에서 사용되기 시작하는 시점에 한국에서 홈페이지를 갖고 있는 업체는 500여 개도 되지 않았다. 언론사를 중심으로 일부 대기업만 홈페이지에 관심을 가질 때였다.

이때는 인터넷의 중요성을 몰라 어이없이 자사 도메인을 빼앗기기 일쑤였던(Korea.com, Lotte.com 등은 이후에 큰 비용을 들여서 도메인을 확보했음) 시절이기도 하다.

당시 가장 큰 고민이 '검색 엔진'이었다. 한국 콘텐츠를 검색할 사이트가 없었던 것이다. 물론 한글 콘텐츠도 거의 없었다. 따라서 인터넷을 이용하려면 야후닷컴, 라이코스, 알타비스타 등 외국 검색 엔진을 이용할 수밖에 없었다.

그때 필자 주변에서도 외국 검색 엔진에 들어가면 수만 개의 사이트를 검색할 수 있는데 왜 한글 사이트만 전문적으로 보여 주는 사이트가 필요하냐는 이야기를 많이 했다. 검색할 만한 한글 사이트가 500개도 채 되지 않던 시절이었으니 그런 말이 나올 만도 했다.

그후 인터넷이 차츰 활성화되면서 한글로 된 인터넷 사이트들은 점점 늘었고, 한글 사이트 검색 엔진이 필요하게 되었다. 그것을 최초로 시도한 곳이 야후코리아였다. 이때부터 이용자들은 한글 전문 검색 사이트를 이용하기 시작했으며, 2010년 현재 이용되는 검색 엔진의 97%가 한글 검색 사이트이다.

월드와이드웹 초기에 필자는 'www.yahoo.co.kr'이라는 도메인이 비어 있어 구매할까 말까 고민한 적이 있다. 야후는 마침내 한글 전문 검색 사이트를 오픈하기 위해 도메인을 1997년 6월 4일에 등록했는데, 그때 필자가 텅텅 비어 었던 도메인을 잡았으면 아마 꽤 큰 부자가 되지 않

있을까 싶다.

100억 원에 거래된 korea.com은 1995년 7월 18일에, 다음은 1997년 10월 14일에, 네이버는 1998년 5월 26일에 각각 도메인을 등록했다.

한국에서 iphone.co.kr 도메인을 잡은 사람은 서울 광진구에 사는 조〇〇라는 개인으로 2002년 11년 16일에 등록했고, android.co.kr 도메인을 잡은 사람 역시 개인이며 2007년 6월 7일에 등록했다.

한글 오픈 마켓의 성장을 기대한다

앞의 예처럼 현재는 외국 어플에 비해 한글 어플이 턱없이 부족한 상황이며 할 수 없이 콘텐츠 부족 때문에 외국 오픈 마켓을 이용하고 있다.

하지만 최근 한글 어플의 개발 속도를 보면 조만간 급격히 발전할 것이 예상된다. 몇 년 후면 한글로만 된 어플의 오픈 마켓 접속 인원과 영어로 된 오픈 마켓 접속 인원이 약 8 대 2의 비율을 보일 것으로 전망된다.

인터넷은 97%에 가깝지만 어플은 약 80%로 보는데, 그 이유는 기능이 뛰어난 어플은 언어가 그렇게 문제 되지 않기 때문에 여전히 외국 어플을 선호하는 계층도 존재할 것으로 보이기 때문이다.

현재는 이동통신사들의 '스토어'를 적게 보는 사람들이 절대적인데 꼭 그렇지만은 않다는 것을 강조하고 싶다.

국내 스마트폰 이용자들을 주도적으로 이끌고 나가는 것은 결국 이동통신사들이다. 지금은 콘텐츠가 턱없이 부족해서 외국 오픈 마켓에 의존하고 있지만 머지않아 국내 오픈 마켓도 시장에 안착될 것이다.

그러므로 이왕 안드로이드 어플을 개발해 놓았다면 등록하는 데 돈이 들어가는 것은 아니니 반드시 국내 이동통신사가 운영하는 앱스토어에도 등록을 해 놓기 바란다. 참고로 이동통신사 중에 3만 원 이내의 등록비를 받는 곳도 있다.

안드로이드 마켓
개발자 등록과 어플 등록

안드로이드 마켓 개발자 등록

먼저 안드로이드 마켓 사이트(http://www.android.com/market)에 접속하여 개발자 등록을 하는 방법을 알아보자.

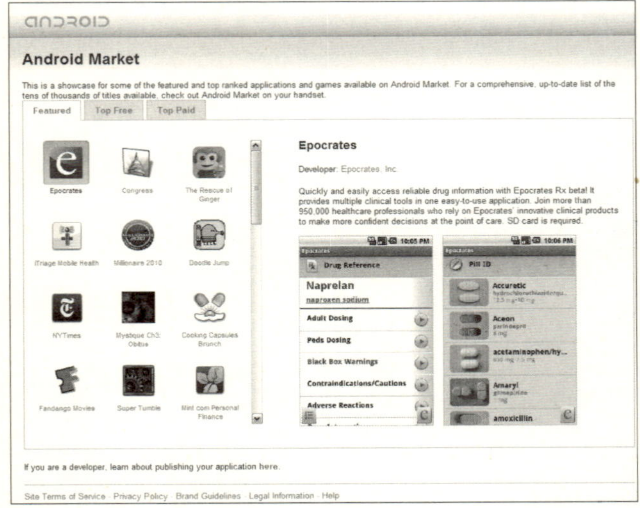

step 7. 개발자 등록과 어플 판매

1. 왼쪽 제일 하단에 'If you are a developer, ... here'
를 클릭한다.

2. 다음 화면에서 구글 아이디(G메일 계정)로 로그인해
야 한다. 반드시 G메일 계정일 필요는 없고, 타 메일로도
구글 계정으로 등록이 되어 있다면 신청이 가능하다(이럴
경우 'Create an Account new'로 접근하면 된다).

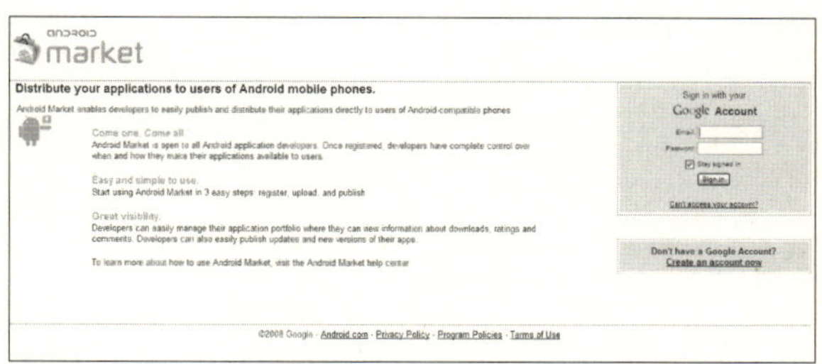

3. 구글 체크 아웃을 통해 25달러를 결제하라는 메시지
가 나오면 'Continue'를 클릭한다.

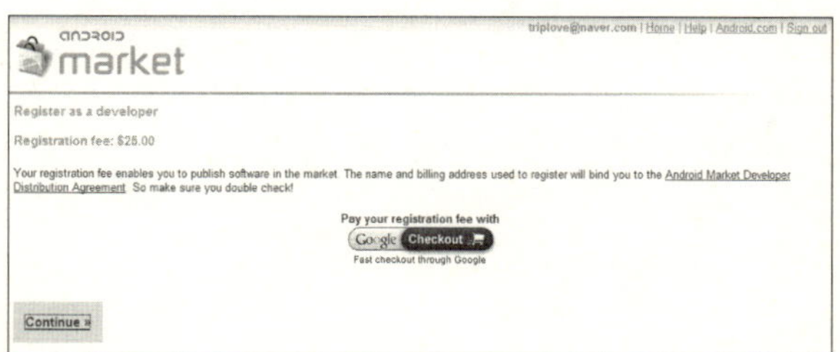

4. 25달러에 대한 결제 페이지가 나온다. 여기서 전화번호(Phone Number)를 입력할 때에는 '+'를 붙여 주어야 한다. 서울에서는 +82-2-○○○-○○○○로 작성하면 된다.

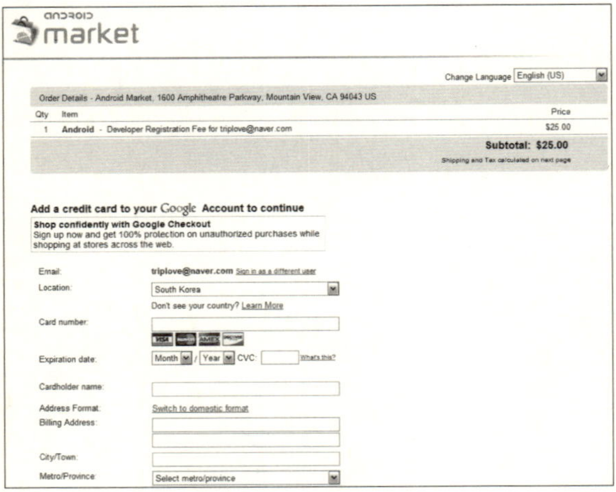

market

Change Language English (US)

Order Details - Android Market, 1600 Amphitheatre Parkway, Mountain View, CA 94043 US

Qty	Item	Price
1	Android - Developer Registration Fee for triplove@naver.com	$25.00

Subtotal: $25.00

Shipping and Tax calculated on next page

Add a credit card to your Google Account to continue

Shop confidently with Google Checkout
Sign up now and get 100% protection on unauthorized purchases while shopping at stores across the web.

Email: triplove@naver.com Sign in as a different user
Location: South Korea
Don't see your country? Learn More
Card number:
Expiration date: Month / Year CVC: What's this?
Cardholder name:
Address Format: Switch to domestic format
Billing Address:
City/Town:
Metro/Province: Select metro/province

5. 결제 확인 페이지가 나온다.

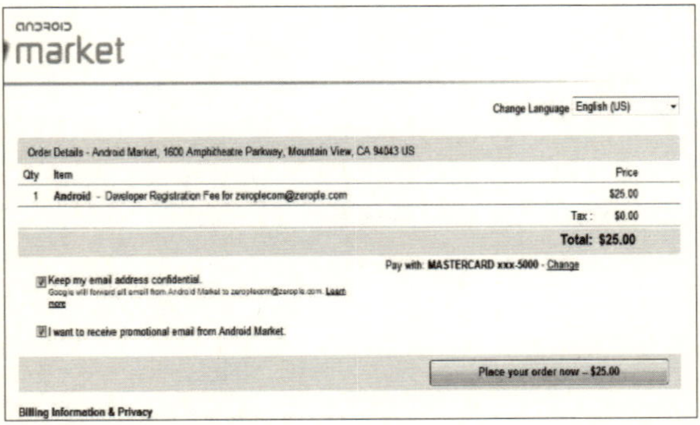

market

Change Language English (US)

Order Details - Android Market, 1600 Amphitheatre Parkway, Mountain View, CA 94043 US

Qty	Item	Price
1	Android - Developer Registration Fee for zeroplecom@zerople.com	$25.00
		Tax : $0.00

Total: $25.00

Pay with: **MASTERCARD xxx-5000** - Change

☑ Keep my email address confidential.
Google will forward all email from Android Market to zeroplecom@zerople.com. Learn more

☑ I want to receive promotional email from Android Market.

Place your order now -- $25.00

Billing Information & Privacy

step 7. 개발자 등록과 어플 판매

6. 결제가 완료되었으니 개발자 사이트에서 등록을 완료하라는 메시지가 뜨면 'Android Market Developer Site'를 클릭하면 된다.

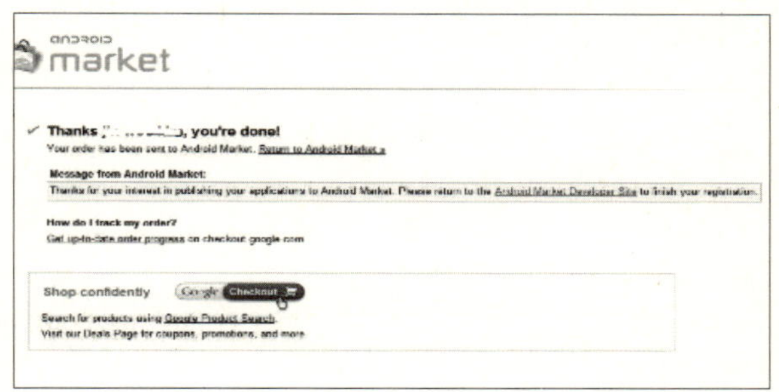

7. 개발자 등록신청이 완료되었다는 메시지가 나온다. 이때부터 어플리케이션 등록이 가능하다.

안드로이드 마켓 어플 등록

유료 어플을 등록하려면 화면 하단의 'Setup Merchant Account'를 클릭하고 구글 체크아웃에 가입하면 된다.

안드로이드 마켓을 통해 유료 어플을 등록하는 경우 체크아웃이 지원되도록 기다려 보는 것도 방법일 수 있고, 타 국가를 통해 체크아웃 계정을 만드는 방법도 있다.

한국에서는 아직 유료 어플 등록이 안 되다 보니 무료 어플을 등록하는 사람들이 많아지고 있다. 그런데 등록 후 '안드로이드 마켓'에서 검색이 안 되는 경우가 있는데 왜 그럴까.

이 부분은 등록할 때 많은 사람들이 실수를 하는데, 바로 '복사 방지(Copy protection)' 옵션 때문이다. 이 옵션을 설정해 놓으면 한국에서는 검색이 안 된다. 복사 방지 옵션을 해제하면 즉시 한국 안드로이드폰에서 검색이 된다.

국내 앱스토어 개발자 등록

T스토어 개발자 등록

많은 사람들이 안드로이드 어플을 개발하고 나서 구글의 안드로이드 마켓과 국내 이동통신사의 안드로이드 마켓 등록 절차를 잘 이해하지 못하고 어려워한다.

다시 한 번 설명하지만, 구글이 운영하는 '안드로이드 마켓'에 등록하면 전 세계에서 다운로드가 가능하고, 국내 이동통신사의 '앱스토어'에 등록하면 국내에서만 다운로드되는 것이다. 그럼 참고로 국내 이동통신사 중 SKT의 T스토어에 등록하는 방법을 알아보도록 하자.

먼저 'T스토어 개발자 등록'과 관련된 내용들을 한번 살펴보자.

① 개인 판매(개인사업자)
- 등록 절차

  준회원 가입 – 판매회원 전환 신청 – 판매회원 정보 입력 – 판매회원 연회비 결제 – 완료
- 연회비 10만 원(2010년 6월 30일까지 면제)
- 상품 등록 비용 : 게임/어플리케이션 – 무제한, 멀티미디어 콘텐츠 – 무제한

② 법인 판매
- 등록 절차

  준회원 가입 – 판매회원 전환 신청 – 판매회원 정보 입력 – 운영자 승인 – 판매회원 연회비 결제 – 완료
- 연회비 10만~30만 원(2010년 6월 30일까지 면제)
- 상품 등록 비용 : 게임/어플리케이션 – 연회비에 따라 등록 가능 개수 제한, 멀티미디어 콘텐츠 – 무제한

연회비와 등록 비용

사실 연회비는 애플이나 국내 이동통신사나 왜 필요한지 궁금할 때가 있다. 필자가 보기에는 애플이 먼저 받기 시작했으니 대부분 따라 하고는 있지만, 힘들게 개발해서 자기 회사에 어플을 등록하겠다는데 돈을 받는 것은 왠지 부당한 느낌이다. 물론 품질 좋은 '심사'를 위한 인력이나 기타 비용의 재원을 마련하겠다는 명분은 이해한다.

그러나 대략 1만 개의 어플이 SKT 앱스토어에 등록된다면 등록 비용 매출이 약 10억 원 규모인데, 이동통신사 측에서는 이런 매출에 신경 쓰기보다 앱스토어 활성화에 신경 쓰는 것이 더 큰 이익이 아닐까 싶다. 굳이 비용을 받는다면 연회비가 아니라 '최초 등록비' 정도면 어떨까.

또한 개인의 경우 상품 등록이 무제한인 반면, 법인사업자는 연회비에 따른 등록 가능 개수에 제한을 두고 초과 등록하는 어플들에 대해서는 별도의 요금을 과금하겠다는데 연회비와 추가 등록 비용이 필요한 것인지 그것 또한 궁금하다. 하지만 이것도 일단 대세에 영향을 주는 것은 아니므로 불문하겠다.

국내 앱스토어
어플 등록과 판매

T스토어 어플 등록

T스토어(www.tstore.co.kr)에 어플을 등록하려면 먼저 '회원 가입'을 해야 한다. T스토어 홈페이지 오른쪽 하단에 있는 'T store 개발자 센터'를 클릭하면 회원 가입 화면(http://dev.tstore.co.kr/devpoc/member/registNotice.omp)으로 이동한다.

여기에서 '회원 가입' 메뉴를 클릭하면 '준회원 가입' 안내 화면이 뜨는데, 처음 가입하면 누구나 자동으로 준회원이 된다. 약관에 동의하고 나서 다음과 같이 가입자 기본정보를 입력하면 된다.

회원가입

회원으로 가입하시면, T store 에서 제공하는 다양한 서비스를 제공받으실 수 있습니다.

| 가입 안내 | > | 약관 동의 | > | 정보 입력 | > | 가입 완료 |

기본정보입력

● 아이디 [　　　　] 중복확인
　　・3~13자의 영문 소문자, 숫자와 특수기호(_)만 사용할 수 있습니다.

● 비밀번호 [　　　　]

● 비밀번호 확인 [　　　　]
　　・6~16자의 영문대소문자, 숫자, 특수문자만 사용할 수 있습니다.(공백입력 불가)

● 이메일 주소 [　　] @ [　　] 직접입력 ▼ 중복확인
　　☐ 서비스 및 이벤트 소식이 담긴 뉴스레터를 수신하겠습니다.

주소 [　] - [　] 우편번호찾기

생년월일 [---] ▼ [-] ▼ [-] ▼ ◉ 양력 ○ 음력

성별 ◉ 남자 ○ 여자

● 자동가입방지 d4Eb3p 이미지에 보이는 문자를 입력부분에 넣어주세요.
　　[　　　　] 새 이미지

실명인증 실명인증 실명인증 회원 분들은 결제 시 별도로 주민번호를 입력할 필요가 없습니다.

휴대폰 등록 휴대폰 추가 최대 5개까지 단말을 추가하실 수 있습니다.
　　・휴대폰 등록은 휴대폰 인증을 통해서 등록이 가능합니다.
　　・휴대폰 등록을 하시면 휴대폰에서 ID/비밀번호 입력 없이 T store를 이용할 수 있습니다.(SKT 고객에 한함)
　　・대표기기를 설정 하시면, 로그인 후 대표기기에 맞는 상품 페이지만 디스플레이 되어, 보다 편리하게 T store를 이용하실 수 있습니다.

가입하기 취소

입력을 마친 다음 '가입하기'를 누르면 입력한 이메일 주소로 인증 확인 메일이 발송된다. 자신의 이메일에 접속해서 '인증 확인'을 누르면 가입이 완료되고, 곧바로 판매 회원이 될 것인지를 묻는 메시지가 나온다.

회원 가입이 완료되면 각종 개발에 필요한 SDK를 비롯하여 각종 자료를 다운받을 수 있고, 판매회원이 되면 이후 어플 판매도 가능하다.

어플 판매와 수수료 정산

T스토어 운영자의 어플 검증이 완료되면 판매 대기 상태가 되며 '판매 중'으로 상태를 변경하면 해당 상품이 T스토어에서 배포되어 판매가 가능해진다.

판매된 상품은 판매자(개발자)가 70%, SKT 중개 수수료가 30%로 책정되어 정산된다. 매월 1일~말일까지의 판매액을 다음 달에 정산하고 송금은 그 다음 달에 된다.

여기까지의 자료만 정리해 보더라도 이전에는 이동통신 사에 입점하려면 제안서를 작성해서 제출하고, 서류 심사에 통과된 업체에 한해서 담당자와의 별도 미팅을 통해 계약을 맺어야 했던 절차에 비해 지금은 그 절차가 상당히 개방적인 것을 알 수 있다.

이동통신사를 통한 입점 절차(어플 또는 콘텐츠 개발자 등록부터 판매)를 요약하면 다음과 같다.

• 이전

제안서 접수→검토→수익 배분율 협의→계약→판매

• 현재

회원 가입→연회비 결제→판매(70% 확정 배분)

필자도 2002년부터 이동통신사에 콘텐츠를 제공하는 업체를 약 8년 넘게 운영해 보았는데, 예전에는 이동통신 사의 CP(Contents Provider) 담당자가 거의 신적인 존재여서 그들의 결정 하나가 한 업체의 운명을 좌우하던 시절이 있었다.

모 이동통신사의 경우 '성인 정보' 제공 커미션으로 10

억 원대의 뇌물을 수수했다는 뉴스가 나오기도 했으니 그
들의 파워(?)가 오죽했겠는가.

하여튼 CP 담당자의 좋은 시절은 간 것 같다. 이제는 어
떻게 하면 더 좋은 어플을 자기 회사의 앱스토어에 유치할
까를 고민하는 부서가 되었을 것이다. 역시 세상은 돌고
돈다는 말이 다시 한 번 실감 난다.

기발한 안드로이드 어플 보기

컴퓨터 끄고 켜기 : WOL(Wake On Lan)—

건강 관리 어플 : 카디오 트레이너—

메모리 매니저 : 앱매니저—

메신저 : 자테로이드, MSN 드로이드—

지하철 어플 : 지하철 정보—

얼굴 인식 어플 : 레코그나이저—

컴퓨터 끄고 켜기 : WOL(Wake On Lan)

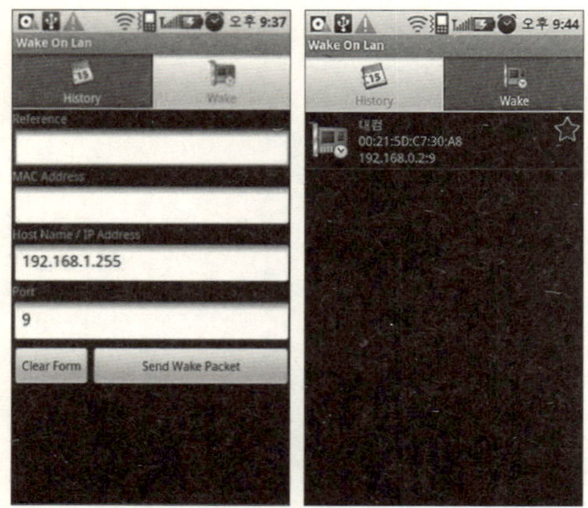

WOL(Wake On Lan)은 휴대폰으로 컴퓨터를 끄고 켤 수 있는 어플로, 멀리서 컴퓨터를 관리하기에 용이하다.

귀찮아서 일어나기도 싫을 때 침대에 누워 컴퓨터를 휴대폰으로 켜면 자동으로 켜진다. 밖에서 출장 중일 때도 내 컴퓨터를 끄고 켤 수 있다.

어플은 간단하다. IP 주소를 입력한 다음 'Send Wake Packet'을 터치하면 컴퓨터가 켜진다.

건강 관리 어플 : 카디오 트레이너

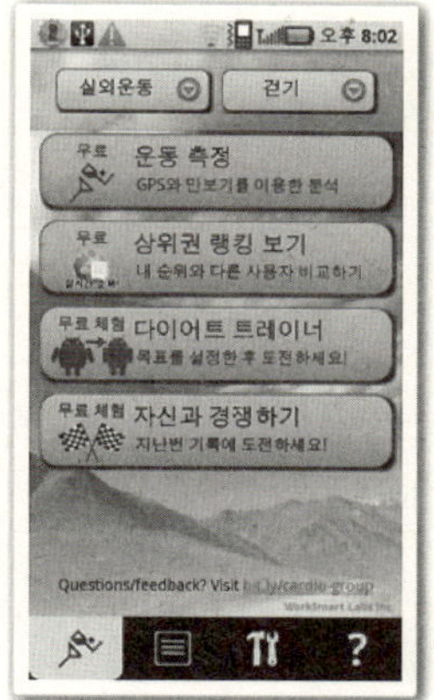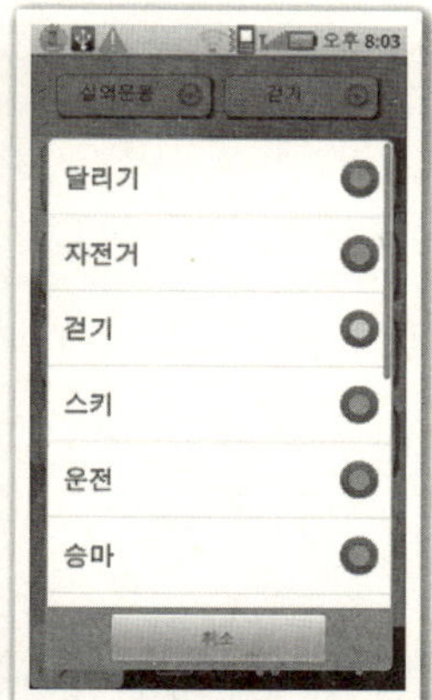

카디오 트레이너(Cardio Trainer)는 한글 버전으로 된 건
강 관리의 첫 번째 어플로, 운동할 때 사용하는 트레이닝
기능이 있다.

내가 하고자 하는 운동에 맞춰서 설정해 놓으면 운동 시
간, 칼로리 소모량, 운동 거리, 지도 상의 이동 거리 및 이
동 경로 등 모든 것을 확인할 수 있다.

이 어플의 놀라운 기능은 자신이 운동한 기록을 웹에서
도 확인할 수 있다는 것이다. 어플 진행 화면에는 URL과
접속 코드가 나오는데 이를 통해 웹에 접속할 수 있다.

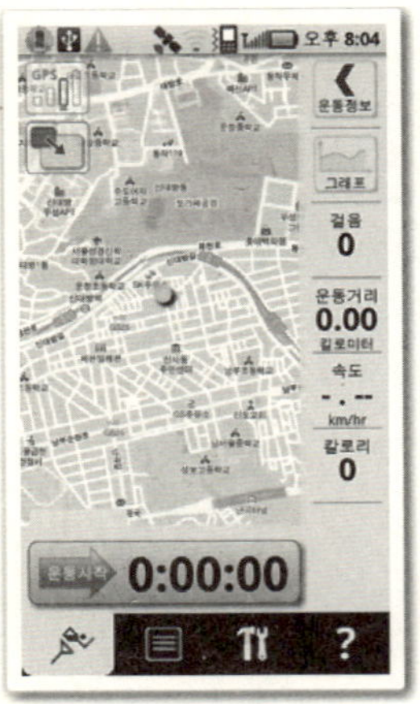 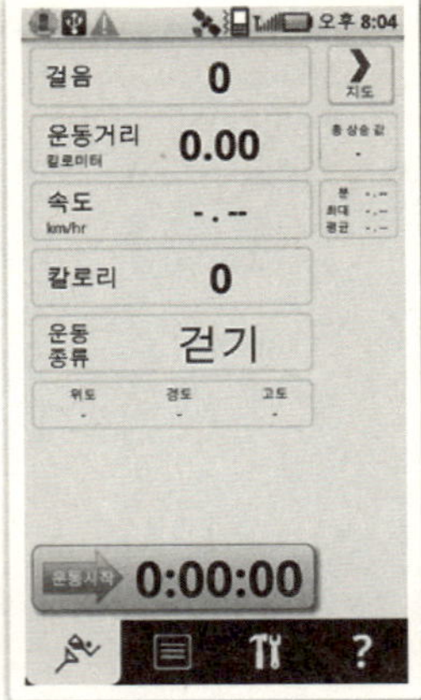

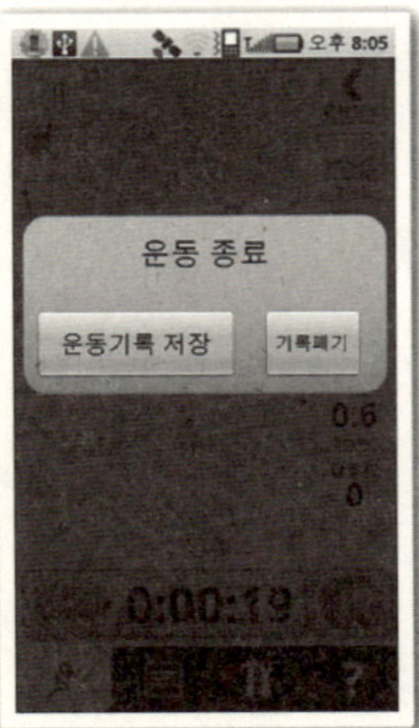 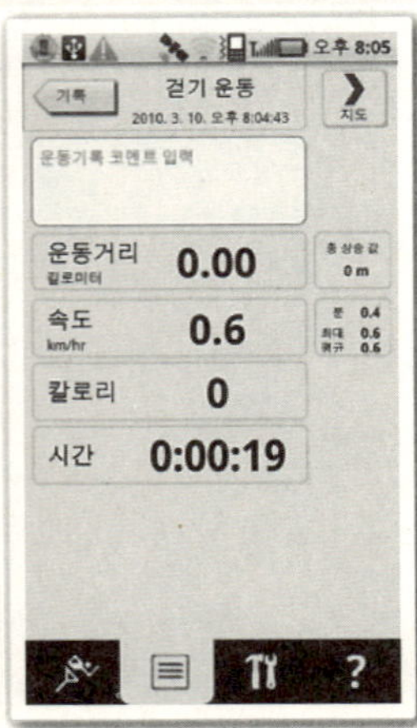

웹사이트에 접속하여 앞에 나온 코드를 입력해 주면 즉시 웹으로 확인할 수 있다.

PC 앞에 앉아 인터넷을 통해 자신의 이동경로와 운동량
을 보는 것은 운동을 떠나 작은 즐거움을 느낄 수 있게 해
줄 것이다.

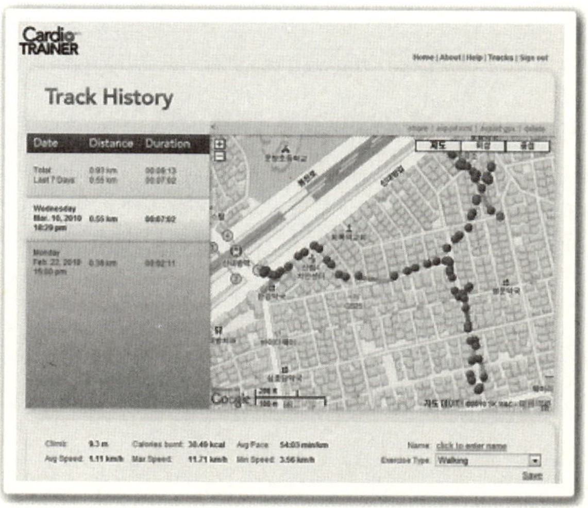

메모리 매니저 : 앱매니저

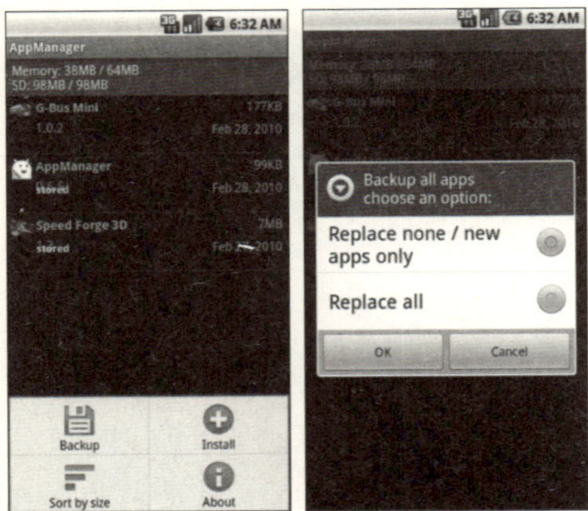

앱매니저(AppManager)는 안드로이드폰을 가진 사람에
게는 필수 어플이다. 안드로이드폰은 내부 메모리에만 어
플을 설치할 수 있어서 메모리 부족 문제를 갖고 있기 때
문이다.

앱매니저는 설치되어 있는 어플들을 쉽게 백업하고 지
우는 기능을 한다. '지금은 용량이 다 차서 메모리가 부족
하다'는 메시지가 뜨면, 일단 백업을 해 두었으니 지웠다
가 나중에 그 어플이 필요할 때 다시 설치하면 된다.

메신저 : 자테로이드, MSN 드로이드

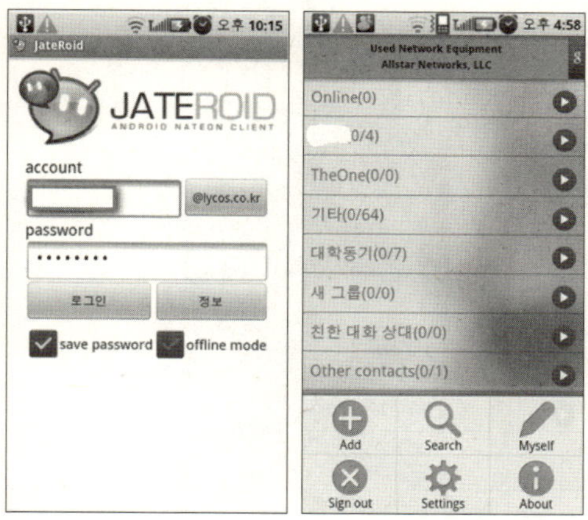

자테로이드(Jateroid)는 한국에서 가장 많이 쓰이는 네이트온 메신저와 연동되는 어플이며, MSN 드로이드는 MSN 메신저와 연동되는 어플이다. 휴대폰으로 일반 PC 이용자들과 실시간 메신저 대화가 가능하다.

컴퓨터에서 할 수 있는 대부분의 메신저 기능을 폰에서도 그대로 사용할 수 있다.

지하철 어플 : 지하철 정보

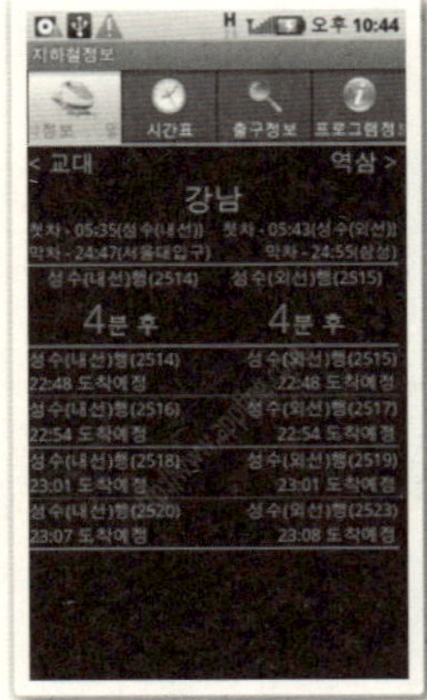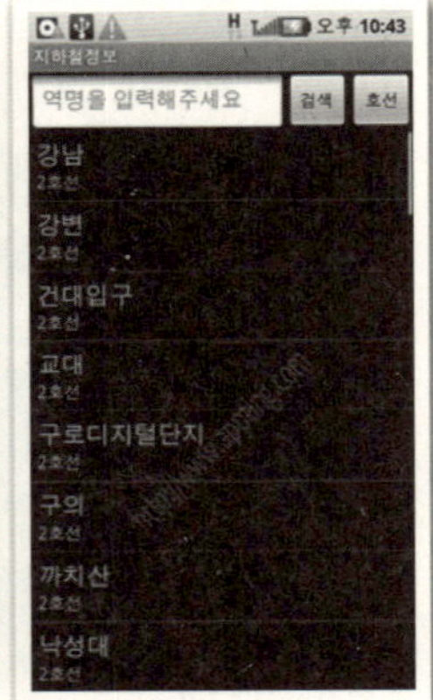

   지하철 정보는 서울의 지하철 정보를 제공하는 어플이다. 양방향의 지하철 도착 예정 시간을 보여 주고, 지하철 역의 첫차, 막차 시간표를 확인할 수 있다. 지하철 역의 출구 정보까지 제공하므로 급할 때 매우 요긴하게 쓰인다.

   이와 같은 한글 전용 안드로이드 어플이 하나 둘씩 생겨나면서 앞으로 한글 어플 시장이 매우 커질 것을 짐작할 수 있게 한다.

레코그나이저(Recognizer)는 기본적으로는 얼굴 인식 어플이다. 위 사진처럼 폰카로 비추면 사람을 인식하고 이름이 바로 뜬다.

더 놀라운 것은 그 사람 옆에 구글 메일이나 싸이월드, 트위터, 페이스북, 블로그 등 개인의 소셜 네트워크 서비스를 바로 연결할 수 있는 정보가 뜬다는 점이다. 물론 공개를 허락한 이용자들의 것만 뜬다.

이 레코그나이저는 폴라 로즈(Polar Rose's)의 얼굴 인식 플랫폼을 바탕으로 만들어졌다. 폰카로 얼굴 인식을 하고 등록을 한 후 그 사람의 블로그나 이메일 주소, 전화번호, 트위터 주소, 싸이월드 주소 등을 등록해 놓으면 바로 서비스를 이용할 수 있다.

이 기술을 이용하면 오랜만에 만난 동창의 이름이나 거래처 사람들의 이름, 이메일 주소 등을 바로 알 수 있을 것 같다.

참고로 한 번도 만나지 않은 사람도 데이터가 서로 공유되기 때문에 얼굴만 비추면 '공개된 것'에 한해 많은 것을 알아 낼 수 있다.

안드로이드 어플 기획 7일 만에 끝내기

펴낸날   초판 1쇄   2010년 6월 17일
         초판 2쇄   2011년 4월 15일

지은이   유도욱
펴낸이   심만수
펴낸곳   (주)살림출판사
출판등록 1989년 11월 1일 제9-210호

경기도 파주시 교하읍 문발리 파주출판도시 522-1
전화   031)955-1350   팩스   031)955-1355
기획·편집   031)955-1392
http://www.sallimbooks.com
book@sallimbooks.com

ISBN   978-89-522-1434-8   13320

※ 값은 뒤표지에 있습니다.
※ 잘못 만들어진 책은 구입하신 서점에서 바꾸어 드립니다.